유빙流氷

유빙流氷

허상문 수필집

수필과비평사

■ 작가의 말

　오래전 오디세우스는 험난한 바닷길의 시련과 역경을 뚫고 고향으로 돌아오는 모험의 여정을 통해 문학의 길이 어떠한 것인가를 우리에게 가르쳐 주었다. 오디세우스의 유랑길에는 만남과 떠남, 회귀와 성장이라는 삶의 역정이 담겨 있으며 이는 곧 문학의 길에 다름 아니라는 것을 보여준다.

　모든 문학에는 이 세상과 존재의 시작과 끝, 시련과 극복의 인과론적 질서가 담겨 있다. 문학을 통하여 길의 시작이 또 다른 길의 종착점으로 이어지게 되는 근원적 장소로의 귀환이라는 깨달음을 얻는 것은 당연한 일이다. 작가란 머나먼 여정을 통하여 오디세우스처럼 삶과 세상의 비의秘義를 알고자 한다. 따라서 문학은 언제나 전복적이면서도 불온한 존재

양상을 보인다. 문학이 불면의 밤을 지새우며 시간의 유한성을 영원의 차원으로 연장하고자 하는 이유도 여기에 있다.

최근에 다녀온 남극의 어느 빙하에서 정처 없이 떠내려가는 유빙流氷을 바라보면서, 그들의 모습이 우리의 삶과 글쓰기에 다르지 않다는 생각이 들었다. 유빙은 어디로 가는지도 모르지만 오늘도 자신의 길을 흘러간다. 이 세상에서 자신이 존재하는지, 존재할 수 있는 것인지에 대하여 어떤 영세한 답도 얻지 못하면서 끊임없이 흘러간다. 유빙이 그렇듯이 삶과 문학도 기나긴 어둠의 세계를 지날지라도 어떤 희망의 땅에 당도할 수 없다는 메시지를 전해줄 수 없다는 사실에 우리는 절망한다.

언젠가는 몸과 영혼은 형체도 없이 사라질 것이다. 그렇지만 삶의 이면에 숨겨진 진실과 희망마저도 건져내기를 포기한다면 삶은 영원한 고통의 미궁일 뿐이다. 삶과 고통은 불가분한 표리다. 인간과 빙하같이 살아 흘러가는 모든 존재는 생명이 있는 한 반드시 고통을 겪어야 한다. 더구나 오늘날과 같은 혼돈의 시대에서 마지막 꿈과 희망을 기다리는 모든 존재는 새로운 삶에 대한 기대로 더욱 아플 수밖에 없다. 살지 못한 시간을 살아내어야 삶의 고통에서 벗어날 수 있다. 고통의 시간을 희망의 시간으로 이겨내어야 고통은 희미한 등불이나마 보여줄 것이다. 고통은 언어를 살아있게 하고 언어는 다시 환생할 수 있다.

세상의 모든 길은 열려 있다는 메시지로 인생과 문학이 지탱되고 있지만, 인간의 이동과 배회가 전이시키는 내적인 삶의 공동화空洞化가 무효화되는 것은 아니다. 저 유빙이 흘러가지 않고 어느 곳에서 달과 별을 바라보던 시절이 얼마나 행복했던가를 기억하는 일은 더이상 유효하지 않다. 그렇다면 이 삶의 공동화는 어떻게 새로운 세계를 밝힐 수 있을까. 어둠의 동굴에 거주하는 시인들이 수도자의 모습으로 나타나는 것은 어쩔 수 없는 일이다. 우리는 살아갈수록 텅 비어버린 자신과 세상을 발견한다. '나'를 찾기 위한 내적 침잠은 역설적으로 텅빈 공간 속에서 이루어지는 타자들의 발견, 세상을 또 다른 존재의 조건으로 인정하는 것이다.

모든 길과 같이 모든 문장의 끝은 하나의 마침표에 의해 완결된다. 그것은 말해질 것이 모두 말해졌음을 의미한다기보다는 이제 새로운 길과 문장이 시작될 수 있음을 의미하는 쉼표이어야 한다. 자신에 대한 탐구와 세상에 대한 탐구는 더 이상 대립하거나 우선순위를 정해둘 수 있는 것이 아니다. 어둠 속에서 새로움을 기다리는 순간의 설렘과 두려움 속에서 길과 문장을 위한 마침표는 다시 유예된다.

2025. 여름
허상문

■ 차례

● 작가의 말　4

1부　바닷새에 관한 명상

그 여름의 칸나	12
바닷새에 관한 명상	19
천장天葬	30
첫 그리고 끝	42
스며들기	50
숲에서	56

2부 사라지는 것들을 위한 애도

유빙流氷	64
애월, 그 후	76
사라지는 것들을 위한 애도	88
잠시 그리고 영원	95
새들과의 작별	101
나무에 대한 속죄	110

3부 인디언의 영혼

빈집	118
간이역	125
직지直指	131
인디언의 영혼	137
금지된 장난	144
흙의 위기	150

4부 사랑의 이름으로

그대의 찬 손	158
육두구의 저주	164
빛과 그늘	170
제우스의 수염	176
미타쿠예 오야신	183
사랑의 이름으로	190

5부 킬리만자로의 눈

파타고니아 가는 길	198
룽타는 바람에 날리고	206
아웃 오브 아프리카	213
킬리만자로의 눈	220
영원한 혁명가	227
삼바의 추억	233

1부

바닷새에 관한 명상

그 여름의 칸나

바닷새에 관한 명상

천장天葬

첫 그리고 끝

스며들기

숲에서

그 여름의 칸나

 그 여름에도 칸나는 피었다. 폭염과 장마가 유난히 심했던 여름이었지만 정원의 뒤란에서 칸나는 화염처럼 불타올랐다. 칸나의 표정과 몸짓은 언제나 단호하고 비정하다. 뜨거운 햇살에 맞서 도도하게 서 있던 칸나는 가까이 접근해도 좀처럼 옆자리를 내어주지 않는다. 그러면서 사람들의 헐벗고 영세한 가슴에도 칸나가 피었느냐고 물어 온다.

 여름 내내 가는 곳마다 사람들은 폭염으로 견딜 수 없다고 아우성이었다. 기상이변이라 불리는 이런 현상은 앞으로 더욱 심해질 것이라고 과학자들은 이야기한다. 지난겨울 어렵사리 찾아갔던 남극 지역 파타고니아의 주민들도 빙하에서 얼음이 녹아내리는 속도가 해마다 심각하다고 전했다. 지구가 갈수록 재앙의 위기를 향해 치닫고 있다는 불길한 예감은 단순히 기상이변에 의한 것만이 아니다. 지구 곳곳에서는 전쟁과 질병, 기아와 자연재해가 어둠의 그림자를 짙게 드리우고 있다. 어른들이 일으킨 무모한 전쟁의 거리에서 눈물을 흘리고 있는 아이들, 세계를 공포로 휩쓸었지만 벌써 망각의 강 저편으로 가버린 '코로나19', 계속된 가뭄과 기아에 허덕이며 영양실조로 죽어가고 있는 사람들, 녹아내리는 설원에서 갈 곳을 잃고 헤매는 북극곰들의 위기와 미래를 모두 알고 있다는 듯 칸나는 더욱 도발적인 붉은 생명력으로 피어 있었다.

세상이 과학기술과 자본에 힘입어 더 나은 삶을 향해 나아가는 듯하지만, 다른 한편으로 인간은 정신과 영혼을 도외시하고 물질적·육체적 탐욕의 늪으로 빠져들고 있다. 한여름에 칸나가 붉은 몸짓으로 이 세상에 대한 적의를 드러내고 있는 것은 우리에게 '도덕적 숭고'(칸트)의 감정이 갈수록 사라져 가고 있기 때문이다. 도덕적 숭고란 인간을 인간일 수 있게 하는 마지막 자기 긍정을 뜻하는 것이다. 이런 감정이 사라지면서 이 세상과 인간에 대한 자기부정과 자포자기의 심정은 갈수록 깊어 간다. 무모한 인간들이 지구 곳곳에서 저지르는 폭력과 파괴로 인해 아름다운 자연은 망가지고 인간이 서로를 위해 지녀야 할 사랑과 공생의 마음은 사라져 간다. 이 세상의 모든 생명체가 고리처럼 연결되어 있으니 함께 살아가야 한다는 생각은 없어져 가고 있다.

칸나가 지닌 아름다움은 나를 끌어당겨 감각하고 생각하게 하는 포획의 힘이다. 칸나를 바라보는 것은 사물이라는 존재를 정지된 눈으로 응시하는 일이며, 그 고유성만을 고집하지 않고 타자의 생명을 수용하는 힘으로 인해 가능하다. 한 생명에 대한 진정한 체험은 사물의 경험을 초월하는 타자성에 대한 긍정에 의한 것이다. 긍정의 시선은 사물에의 단순한 관찰에 의존하지 않는다. 타자를 실체로 바라보는 것은 '무엇-되기'(들뢰즈)의 과정을 통해 새로운 것을 생산하고자 하는 무한한 가능성의 장소로 인도한다. 한 생명체에 대한 항상성은 독립적인 마음으로 누군가에게로 열리는 자세를 의미한다. 이런 시간에 개체는 타자의 관점을 자기 삶으로 구축하는 창의적 단계에 이르게 된다.

칸나를 바라보면서 삶의 경험을 구성하는 존재들에 관해 생각한다. 존재는 공간이나 명료한 구조로 환원되지 않는다. 나를 일으키는 것은 내면에 과거라는 이름으로 축적된 무수한 시간의 힘에 의해서이다. 세계 속에 던져진 '나'는 이미 낯선 생명이고 존재이며 타자이다. 주체는 나와 타자 혹은 과거와 현재의 연결이라는 외피를 안고 새로운 관계 맺기를 이룬다. 어떻게 세상과 타자를 사랑할 것인가. 여름의 상처인 칸나와 칸나의 흉터로 남은 꽃을 어떻게 품어 안을 것인가. 이런 부질없는 물음이 한심하다는 듯 뻐꾸기 울음이 처량해지기 시작하는 여름밤, 세상에서 버려진 것들은 모두 붉은 빛을 띠며 함께 울고 있었다. 여름은 여름대로, 칸나는 칸나대로, 나는 나대로, 지금 모두 어디서 어떤 시간을 보내고 있느냐고 묻고 있다.

우리는 시간의 흐름 속에서 스스로를 끊임없이 변화시키며 살아간다. 어제의 '나'와 지금의 '나' 사이의 미시적인 변화 속에서 자신의 존재 양태를 바라본다. 존재자들은 보다 분명한 모습으로 자신의 삶을 새로운 형태로 창조하고자 한다. 스쳐 가는 바람과 떨어지는 나뭇잎과 어둠의 하늘에 뜬 별과 같은 모든 존재는 삶을 지속하기 위한 긍정적 힘에 의해 떨린다. 존재는 작열하는 한여름에 바라보는 칸나의 모습이거나 문득 바라본 밤하늘의 별이거나 언젠가 나의 손을 따뜻이 잡아주던 어떤 기적 같은 사랑일 수도 있다. 예고 없이 나타나서 '생의 의지'(베르그송)를 보여주는 이미지는 황홀하다. 가상이 아니라 실재하는 어떤 힘을 표현해 주는 이미지란 나의 이성을 초월하는 경험을 이루게 한다. 산다는 것이 그렇고, 이 세상과 관계를 맺는다는 것은 더욱 그렇다. 인생이란 이성과 감성 사이에서, 존재와 비존재 사이에서, 삶과 죽음 사이에서, 어긋나고 뒤틀어진 안과 밖에서 진정한 관계를 만드는 일이 아니던가.

이 세상에 영원한 것은 없다. 영원은 순간에 깃들어 있는 것이다. 그렇지만 시간은 순간에서 영원으로 기나긴 여행을 한다. 자연에 속한 모든 것은 불가피하게 사계절을 겪는다. 봄이 가면 여름을 맞고, 여름이 가면 가을과 겨울이 뒤를 잇는다. 그러나 가을과 겨울이 오면, 지난봄과 여름의 찬란함과 아픔을 잊어버린다. 거짓말같이 찬란하던 봄이 가고 여름이 오면 칸나가 피어났다가 지고, 다시 낙엽이 지고 눈이 내리면 그 여름의 칸나는 잊어버린다. 이 망각은 정신적 나태함과는 무관하다. 칸나는 세상 사람과의 약속을 위해 여름에 피어났다. 칸나의 약속은 순정하다. 칸나가 약속을 지키는 일은 일상이라는 시간의 관성을 극복케 하고 삶의 의미를 새롭게 생각케 한다. 그렇지만 우리는 칸나를 기억하지 못하고 순간에서 영원을 보지 못한다.

일상은 순간의 집합체다. 우리의 일상은 하루가 끝나고 해가지는 거와 같이 완료된 의식 세계, 시간이 흘러서 계절이 바뀌었기 때문에 칸나가 꽃을 피우는 거와 같은 인과율의 세계이다. 인간의 지성은 직관에 의해 파악된 대상을 인과적 질서로 구성하는 능력이다. 그리고 지성에 의해 구성된 세계는 규율화되어 이해되기 때문에 어떠한 불균형이나 여백도 허락되지 않는다. 하지만 문학은 우리의 일상을 지배하는 인과율의 세계를 거부한다. 문학이 말하는 세계는 계절이 바뀌었기 때문에 나타난 칸나의 세계가 아니라 그 꽃에 담긴 시간과 존재의 의미이다. 칸나를 피우는 내적 역량은 여름이라는 시간이 아니라 그 속에 담겨 은유화된 생명을 지속시키는 힘이다. 작가는 이것을 살려내는 사람이다.

지금 칸나를 바라보며 글을 쓰는 순간, 칸나를 통하여 삶에서 시간과 존재의 의미를 생각하는 순간, 이 순간들의 총화가 내 삶에 작은 진리를 깨닫게 한다. 이 시간은 곧 망각의 늪으로 떨어져 버리겠지만, 시간과 존재에 대한 사유는 내 안 어디엔가 오래된 나무의 나이테처럼 남아 있을 것이다. 우리가 경험하는 순간들은 단층처럼 혼재되어 내부에 켜켜이 쌓인다. 그런 순간들이 모여 영원으로 이어진다. 살면서 그리 특별하지 않은 순간들조차 모두 특별하다는 것을 우리는 알지 못한다. 아무리 잠시 피었다 지는 꽃의 일생일지라도 한순간 한 단어로 요약되는 생은 없다. 불꽃 같은 입술로 칸나는 말한다. 생은 제 삶을 피우는 만큼 붉게 피어나는 것이라고. 꽃들도 이런 아쉬움을 아는지 떠날 때는 뒤도 돌아보지 않고 허무하게 산화해 버린다. 또 한 장 인생의 책장은 오늘도 쉽게 넘어가 버린다.

  그 여름이 왔을 때 칸나는 피었고, 그 여름이 지나갈 때 칸나는 떨어졌다. 사라져가는 여름은 해독할 수 없는 인생만큼 뜨거웠다. 칸나의 시간도 그렇게 끝났다.

바닷새에 관한 명상

오늘도 바다는 저 혼자 서럽다. 돌보아주는 이도, 말 걸어주는 이도 없이 철없이 철썩이는 파도만 앞세우고 또 하루를 보낸다. 바다의 풍경은 한없이 지루하고 무료하다. 온종일 바라보고 있어도 파도치는 일 말고는 저 바다에서 무슨 일이 일어나는지 알 수가 없다. 그렇지만 바다의 풍경은 풍화風和하면서 또 다른 풍경으로 변하고, 세상의 일부가 되고 인생의 일부가 된다.

끝없이 펼쳐진 수평선의 바다는 아무도 속이지 않는다. 정직한 시간의 흐름을 따르며 만남과 이별, 기쁨과 슬픔 사이의 가없는 여백을 바라볼 뿐이다. 바다는 우주가 생긴 이래 자신의 모습을 포기하고 세상에 묵종해 왔다. 그렇지만 바다는 끝내 자신의 할 말을 가슴에 담아둔 채 사라지지 않고 살아 있다. 사람들은 인생을 고해라고 하지만 힘들고 거친 바다를 건너지 못하면 어딘가에 도달할 수도 생명을 유지할 수도 없다. 아무리 험난하고 고통스러운 곳이라도 무사히 건너왔기 때문에, 힘겹게 도달한 포구에서 긴 항해의 끝을 자축한다.

바다에는 물뿐만 아니라 세상사와 인생의 은유가 담겨 있다. 오랜 시간이 지나도 사라지지 않고 존재할 수 있게 해주는 힘이 있다는 사실보다 위대한 것은 없다. 바다가 파도를 위해 존재하는 것이 아니듯, 파도도 바다를 위해 존재하는 것은 아니다. 바다를 살아갈 수 있게 해주는 힘은 파도, 햇살, 노을, 바닷새 덕분이다. 바다는 외롭지만 많은 친구를 품으며 넉넉한 마음으로 살아왔다. 그중에서 가장 가까운 친구는 때로 웃음으로 때로 울음으로 다가왔다 떠나가는 바닷새다. 바다의 풍경에서 만나는 파도와 바닷새는 모두 바다의 그림자들이다. 바다는 바닷새들의 고단한 날갯짓도 쉬어가게 받아주고, 마음껏 울어도 안아줄 가슴이 되어 준다.

앨바트로스, 가마우지, 저어새, 갈매기, 도요새…, 바닷새들은 세상을 살아가는 독법讀法을 알지 못한다. 바다 위를 날다가 바다가 되고 싶었으나, 파도처럼 넘실대며 살다 죽고자 했으나 그러지 못한다. 그들은 인간과는 다른 자신만의 언어로 노래하면서 이 세상을 살아간다. 바닷새는 인간의 언어를 사용치 않는다. 그들의 언어는 인간의 언어로 번역되지 못한다. 그들은 은은한 달빛 아래에서 갈 길을 재촉하는 나그네와 같은 시인의 언어를 사용한다.

먼 길 헤매고 돌아다니다가 다시 돌아와 방파제에 앉아 철 지난 바다를 마주한다. 그리고 다시 살아가야 할 세상의 모습을 바라본다. 바닷새는 오늘을 노래하며 현재를 바라보며 살아간다. 지난 시간의 흔적을 남기지 않으면서 지금의 삶으로만 남고자 한다. 바다가 그렇고 파도가 그렇듯이, 바닷새는 아무것도 추억하지 않는다. 어제의 시간과 오늘의 시간은 어디서 만나고 어디로 떠나가는가. 역사가 과거에서 현재로 이어지는 시간이라면, 죽음은 현재에서 미래로 이어지는 영원의 시간일 것이다.

바닷새의 날갯짓을 바라보며 아득한 과거의 시간으로 날아가 본다. 새의 울음소리는 사라진 지난 시간의 소리를 들려준다. 시간은 우리와 함께 가는 것인가 아니면 먼저 가서 우리가 갈 때까지 기다려 주는 것인가. 오늘도 기다리지 않는 시간을 향하여 분주히 나아가고 있다. 시간 속에는 아득한 존재의 윤회와 생명의 경외가 담겨있다. 생명의 출발은 어디에서부터일까. 찰스 다윈이라는 사람은 갈라파고스 제도를 탐험하면서 생명의 기원을 보았다. 바닷새는 바다 이구아나, 땅거북, 바다사자, 물개들과 함께 삶을 나누고 있었다. 섬에서 발견한 새의 표본과 화석을 통해 다윈은 『종의 기원』이라는 책을 쓰고 '진화론'을 주장하였다. 그때부터 세상은 힘 있고 강한 종족이 힘없고 약한 종족을 지배하고 억압한다는 가설이 나왔다. 이 세상에는 힘 있는 자와 힘없는 자, 먹는 자와 먹히는 자, 부유한 자와 가난한 자 사이에 경계와 구분이 생겨나기 시작했다. 인간과 인간, 인간과 자연 사이를 갈라놓고 찢어 놓는 경계, 그로부터 모든 존재 사이에는 갈등과 분열이 일어났다.

　힘없고 연약한 바닷새들은 갈라파고스섬 양지바른 곳 어딘가에 모여서 죽어갔다. 출렁이는 바닷가에서 싸늘한 한 조각 나무토막처럼 새의 시신은 물과 뭍 사이를 일렁이며 흔들리고 있었다. 언제나 어디서나 그랬다. 삶과 죽음, 만남과 헤어짐, 빛과 어둠은 갈라져 있었다. 연결할 수도 결합할 수도 없는 저 끝없는 경계여, 아득한 분열이여! 세상은 이렇게 갈라지고 찢어져 가고 있다. 한 마리 새의 죽음이 가져오는 파장, 한 마리 새의 죽음이 일으키는 세상의 진동은 강렬했다. 바닷새는 작은 육신을 세상에 던지고 생을 끝냈다. 끝났다는 것은 마지막에 이르렀다는 것이다. 모든 것은 마지막에 도달해서야 비로소 진실된 무언가로 나타난다. 어둠의 끝에 이르러서야 빛이 나타나고, 한겨울이 지나서야 봄이 오고, 절망의 마지막에서야 새로운 희망이 보인다. 갈라파고스섬에서 빛과 희망의 봄을 기다리며 바닷새의 시신을 들여다보고 또 들여다보았다. 모든 죽음은 허망하지만 존엄하다.

어머니가 돌아가시고 입관식을 치를 때 세상이 흔들리는 것을 느꼈다. 나무 관 속에 망자가 들어가자, 그동안 내가 알고 기대어오던 세상이 전혀 다른 차원으로 작동하기 시작한다는 느낌을 가졌다. 이 세상에 나를 태어나게 하고 내 존재를 가능케 해준 어머니의 죽음, 그 슬프지만 경이로운 깨달음으로 인해 세상은 새롭게 펼쳐지고 있었다. 세상에서 소멸해가는 이들에 의해 우리의 삶은 또 다른 느낌과 깨달음으로 다시 움직인다. 죽음이 만드는 시간의 틈 사이로 우리의 순간은 영원으로 이어지고 있었다.

갈라파고스섬에서 살아가는 바닷새들은 단절과 경계가 아닌 자유가 그리웠다. 바다가 만들어 내는 풍경 속에서 바닷새는 푸른 하늘 위를 자유롭게 날고 싶었다. 땅에서 사람들은 서로 분열되어 경쟁하고 있지만, 하늘에서 날아다니는 새들은 무한한 자유와 평화를 누린다. 사람들이 사는 지상에는 온통 경계와 구분으로 나누어져 있지만, 천상에는 무한한 자유가 흐른다. 그렇지만 이제는 바다에도 땅에도 하늘에도 푸른 자유가 없다. 정말 "푸른 하늘을 제압하는 노고지리가 자유로왔다고 부러워하던 어느 시인의 말은 수정되어야 한다"(김수영, 「푸른 하늘을」). 새는 나에게 손짓했다. 푸른 하늘을 함께 날자고. 새들아, 날아라, 너의 하늘을. 푸른 하늘을 날지 못하면 너는 새가 될 수 없다.

크레타섬에서 에게해의 푸른 물결을 바라보면서 하늘을 날던 이카로스의 모습을 떠올렸다. 우리에게 자유가 무엇이며 욕망이 무엇인가. 아버지는 충고했다. "아들아, 너의 날개는 밀랍으로 만들어졌다. 태양에 가까이 가지 말아라. 가까이 가지 말아라." 이카로스도 나도 아버지의 말을 거역했다. 그리고 마침내 우리는 바다에 떨어졌다. 이카로스가 얻고자 한 자유는 무엇일까. 이 지상의 끝없는 욕망과 그 덧없음을 반조反照하면서 그는 새처럼 더욱 태양에 가까이 다가갔을지 모를 일이다.

여명에 잠 깨는 에게해의 새벽, 무욕의 바다에서 첫 아침 햇살을 받으며 창공을 나르는 한 마리의 바닷새를 바라보았다. 저 새는 어디로 날아가는 것일까. 거센 파도에 휩쓸리며 세상을 알고자 애쓸수록 밀물처럼 밀려나는 게 인생이다. 슬픔과 아픔을 말하기는 쉽지만, 그것을 이겨내고 희망을 갖는다는 것은 더욱 어렵다. 만나기는 힘들지만 헤어진다는 것은 쉽다. 진정한 사랑의 깊이는 이별의 아픔 속에서 알게 된다고 한다. 그렇지만 사람들은 너무 가볍게 만나 너무 가볍게 헤어지고, 너무 쉽게 얻고 너무 쉽게 버린다. 그래서 삶은 갈수록 불행해진다.

인간은 언제나 교만했다. 날개를 달면 더 높이 날아가고자 하고, 가진 것에 만족하지 못하고 더 값진 것을 갖고자 욕망한다. 인간의 교만은 하늘을 찌르며 바다와 바닷새를 무시했다. 페르시아 전쟁 때, 서해안 기름 유출사건 때, 시커먼 기름을 뒤집어쓴 바닷새들의 모습을 보며 전율했다. 파도에 끝없이 밀려온 검은 기름은 아름답던 바다를 순식간에 어둠의 바다로 만들었고, 바닷새들을 처참한 모습으로 만들었다. 최근에는 새만금 갯벌에 이사와 살던 도요새가 인간들의 소동에 견디다 못해 떼죽음을 당했다고 한다. 새들의 시신을 수습하면서도 사람들은 새들의 존재의 무게를 아무도 생각지 않았다. 새까맣게 기름을 뒤집어쓴 바닷새는 죽어가면서 절규했다. 언젠가 인간도 우리와 같이 될 것이다. 바다와 바닷새에 저지르는 인간의 잘못은 결코 대속代贖될 수 없을 것이다.

왜 인간은 일출의 장엄함과 일몰의 아름다움을 노래하고 새들의 노랫소리를 즐기면서도 오직 자신만을 생각하며 바다와 바닷새에는 안중에도 없는 것인가. 왜 인간은 자연과 바다와 바닷새에 적대적인가. 잠시 무서운 것은 몸서리치면서도, 영원히 무서운 것은 외면하는 인간들은 눈앞의 순간을 보고 즐기지만 영원을 보는 눈을 가지지 못했다. 그들은 자신에게 곧 다가올 재앙과 비극을 외면하면서 그냥 땅끝에 발 디디고 희희대며 살아갈 뿐이다.

바닷새가 꾸던 푸른 꿈은 갈수록 어두워져 간다. 그는 새로운 낙원의 꿈을 꾸며 사람들 곁을 떠난다. 누군가의 곁에서 머물지 못하고 사라지는 것을 바라보는 일은 슬프다. 머물던 시간, 사랑하던 사람, 소유하던 물건을 잃어버린다는 것은 고통스러운 일이다. 소중한 시간의 흐름, 영원으로 이어지는 시간이 우리 곁에서 사라져버리는 것은 무엇보다 가슴 아픈 일이다. 어제까지 내 품 안에 가득 담겨있던 것들이 새로운 아침이 되면 어딘가로 가버리고 없다.

어느 바닷새와의 우연한 해후는 흡사 길잃은 돛단배가 등대를 만나는 거와 같은 경이로운 체험이었다. 그런 바닷새와의 만남도 잠시뿐, 다시 이별해야 한다. 우리는 모두 하나의 점으로 태어나 선으로 이어져 살기 위해 노력하다가 다시 하나의 점으로 산화散華한다. 삶이란 수많은 점의 연속 속에서 선하나를 긋기 위해서 노력하고 투쟁하는 과정이 아닌지. 그렇지만 우리는 점과 선 사이에서 완결되지 못한 연결을 위해 오늘도 고뇌하고 있다. 하나의 점이 되어 아득히 머나먼 곳으로 떠나가는 바닷새, 그들은 언제까지 푸른 선으로 이어져 살기를 원했다.

바닷새가 떠나가는 것을 보면서 우리에게도 작별의 시간이 다가오고 있다고 느낀다. 저 바다 윤슬의 물결이 생기를 잃기 전에 나는 떠나야 한다. 무수한 결별의 시간이 곁으로 다가오고 있다. 모두 멀어져 간다. 모든 떠나가는 것들은 헛되다. 제 이름을 불러도 뒤돌아보지 않는다. 시간도, 사람도, 새도 대답하지 않고 모두 떠나간다. 아무리 짧고 비루하게 산 존재의 일생이라도 가치 없는 삶은 없다. 삶은 아름다운 수사로만 이루어지는 것이 아니다. 서로의 고통도 슬픔도 절망도 힘껏 안아주는 것이 진짜 삶이다.

우리는 긴 어둠을 건너왔고, 지금도 어둠 속에 서 있다. 그러나 하루의 낮과 밤이 교차하듯이, 힘들고 어려울 때일수록 어둠은 마지막 희망의 빛을 준다. 아무리 어두운 길을 걷는다 해도 지금 비추는 빛이 없다고 절망하지 마라. 우리를 비추어 줄 가장 빛나는 빛은 아직 오지 않았다. 구름 때문도 비 때문도 아니다. 길 없는 길을 걷다가 지도마저 없다고 주저앉지 마라. 가장 찬란한 빛은 지금 간절하게 다가오고 있다. 그것은 어둠의 시대를 살아가는 우리에게 더욱 더디고 힘들게 오고 있다.

그동안 우리는 삶의 길을 벗어나서 서로에게서 너무 멀어져 갔다. 영혼은 갈수록 생기를 잃어가고, 희망은 사라져 가고 있다. 그렇지만 새들아, 이 거칠고 험난한 세상 다 버리고 날아라. 세월 가면 꽃잎들 남김없이 다 지듯이, 가슴에 가득했던 시름들 모두 날려버리고 훨훨 날아가라. 이 세상의 햇빛과 바다가 전부 녹슬었다고 슬퍼하지 마라. 세상의 모든 슬픔, 아픔, 아쉬움, 너와 함께 떠나 날아가다 보면 언젠가 푸른 날이 올 것이다. 네가 갔다 한들 설움뿐이겠느냐. 떠나고 나면 눈부신 날이 다시

다가오고 바람에 쓰러진 들꽃도 피어날 것이다. 어느 빛 좋은 시간과 세상에서 그대를 다시 만나 함께 머물 수 있게 되기를.

천장天葬

 라싸의 푸른 하늘은 산 중턱에 무심히 걸려 있었다. 하늘 저 멀리 독수리 한 마리가 유유히 날아간다. 독수리의 자유로운 모습은 흡사 억압과 구속에 얽매이던 누군가의 영혼이 환생하여 날아다니는 듯하다.

 티베트는 인간 생존의 기본 요소인 산소마저도 모자라는 척박하고 험난한 곳이다. 해발 3,700미터가 되는 라싸 공항에 내리면 벌써 숨이 헉헉 차오르기 시작한다. 오랜 세월 동안 '세계의 오지'라는 이름에 걸맞게 티베트는 세계와 일정한 정도의 거리를 유지하며 신비의 땅으로 존재해 왔다.

 티베트 사람들은 티베트가 '죽기에 가장 좋은 곳'이라고 말한다. 세상에서 '살기 좋은 곳'이라는 말은 많이 들었지만 죽기 좋은 곳이라는 말은 처음 듣는다. 하늘과 가장 가까운 곳, 태고의 신비를 느낄 수 있는 곳이기에 그리 표현한 것일까. 그래서인지 티베트 사람들은 현생의 삶보다는 후생과 죽음에 대하여 더 많은 관심을 가지고 있다.

사람은 현세에서 더 잘 살기 위해 일신의 행복을 위해 온갖 노력을 하지만 인간은 결국 죽고 만다. 삼라만상은 무상하고 인간의 육신도 죽고 나면 하늘의 구름처럼 사라지고 마는 것이지만, 죽음은 쉬이 받아들이지 않는다. 인간은 늘 죽음을 두려워한다. 눈앞의 행복을 추구하며 죽음에 대한 두려움에 떨고 있는 우리에게 티베트 사람들은 "죽음은 옷을 갈아입는 것에 불과하다."고 가르친다. 지금 잘 먹고 잘사는 것도 중요하지만, 죽음에 임하는 방법과 죽음 이후의 세계에 더욱 가치를 두며 살아가는 티베트 사람들을 낯선 여행객은 이해하기 힘들다. 티베트 각지에서 모여들어 비 내리는 새벽 조캉 사원의 광장에서 오체투지五體投地 하는 사람들을 바라보고 있으면 진정한 삶과 죽음의 의미는 무엇이냐는 의문이 절로 든다.

비록 물질적 혜택이라고는 전혀 받지 못한 티베트 사람들이지만 삶과 죽음을 대하는 그들의 마음은 우주만큼 넓고 깊다. 세계의 어느 나라보다 자연환경이 열악하고 물적 토대가 빈약하지만, 그런 한계를 극복하고 고난의 땅에서 자연과 함께하면서 초월적 정신의 꽃을 피우는 사람들의 모습은 역설적이다. 죽음에 임하는 그들의 자세도 자연과 우주와 함께 있다. 이들이 죽은 후에 행하는 장례의 풍습인 토장土葬, 탑장塔葬, 수장水葬, 천장天葬은 모두 자연에서 태어난 인간이 자연으로 돌아가는 의식이다. 그중에서도 사람들에게 가장 인기 있는 장례는 새들의 먹이가 된 채 자연의 세계로 돌아가는 천장天葬(티베트 사람들은 조장鳥葬이라고도 부른다)이다. 척박한 고원에서 화장하기 위한 나무도 귀하고, 메마른 땅을 파기도 힘들어 새들에게 시신을 맡기는 천장이 유행한 것으로 보인다.

　　먼저 긴 칼로 시체의 왼쪽 발뒤꿈치를 턱 하고 쳤다. 그러고는 발목, 정강이, 허벅다리, 팔, 어깨, 목, 머리 순서로 사정없이 쳐댔다. 앞치마는 피로 물들었다. 천장사天葬師는 시신을 크게 덩어리 내어 두 명의 보조 천장사에게 던졌다. 보조 천장사 중 한 명은 묵직한 해머를, 다른 한 명은 날카로운 칼과 주걱 비슷한 도구를 가지고 있었다. 그들은 덩어리로 잘

린 육신을 해머로 잘게 부수는가 하면 날카로운 칼로 꾸불꾸불한 장기를 도려내기도 했다. 대화도 표정도 없었다. (심주혁, 「티베트 천장, 하늘로 가는 길」에서)

천장이 이루어지는 천장터는 생명의 끝이자 또 다른 출발의 장소이다. 공포와 환희, 파멸과 생성이 함께하는 가운데 생사윤회의 법칙으로 이 지상의 모든 것이 평등하게 심판되는 곳이다. 부서지고 가루가 된 육신의 조각이 천국으로 올라가는 통로, 그곳이 바로 천장터이다. 천장사는 인간 백정이 아니다. 껍질에 불과한 인간의 육체는 천장터에서 칼로 다듬고 정성스럽게 해부되어 독수리에게 아낌없이 보시되고, 천장사에 의해 영혼은 땅에서 하늘로 다른 세상으로 인도된다. 이 기막힌 죽음의 의식이 눈앞에서 이루어지고 있다는 사실은 두렵고 무서웠다. 육신이 하나의 덩어리로 부서지고 갈라지는 시간에 삶이라는 것은, 그렇게 열망하고 집착해야 할 무엇도, 그렇게 부정되고 찬미 되어야 할 무엇도 아니었다.

나는 먼발치에서 이를 악물고 이 광경을 바라보았다. 대체 삶에서 육신은 무엇이고 영혼은 무엇인가. 인간은 무엇을 위해 살아야 하고 육체와 영혼은 어떻게 만났다가 떠나가고 결별하는가. 아무리 참아도 자꾸 흘러내리는 눈물을 주체할 수 없었다. 척박한 고원 환경에서 먹이 부족에 시달리는 독수리에게 시체를 보시하는 티베트인들의 자연과 교감하는 방식이 놀랍고, 독수리를 통해 죽은 육신의 영혼을 하늘로 올라가게 하는 승천의 의미는 더욱 놀라웠다. 아귀다툼하는 자본과 과학기술의 현장에서 날아온 '문명인'의 마음은 내내 괴로웠다. 독수리를 통해 자신의 영혼을 원하는 곳으로 이동시켜 달라는 간절함을 담은 천장 의식을 바라보는 것은 성스러운 혹은 비루한 삶과 죽음의 끝자락을 보는 일이었다. 뼈가 갈라지고 살이 헤어지는 처참한 눈앞의 현실 앞에서 몸과 마음은 안개 속에서처럼 서로 다른 길을 헤매고 있었다.

정체불명의 티베트인의 장례를 보면서 내 영혼이 쓰러지는 것을 보았다. 날마다 찾아오는 아침과 저녁, 그 속에서 풍진 같이 흩날리는 삶의 부유와 함께 내 영혼은 일어서고 쓰러지기를 반복했다. 순간 나는 깨달았다. 하루라도 굶으면 견디지 못하는 몸, 씻지 못하면 냄새를 풍기는 더러운 몸, 주름을 만들며 늙어가는 몸, 이런 인간의 몸이 벌레나 짐승과 다를 것이 무엇인가.

이 허망한 몸에 의지해 인간은 이성적이고 존엄한 존재라고 큰 소리친다. 내가 살아있다는 것, 존재한다는 것은 오직 욕망과 이기와 허위와의 싸움이 아니던가. 인간으로서 이 얼마나 치욕스러운 삶의 방식인가. 최소한 나는 의미 없이 도륙당한 고기덩어리가 되어서는 안 된다.

모두 영혼을 잃은 채 살아가고 있다. 나도 넋을 잃어버렸다. 넋을 잃어버린 채 이렇게도 살아간다니! 헤아릴 수 없는 곳에서 무엇을 헤아리는지도 모르면서 그렇게 한세월을 살아왔다. 티베트 산야를 날고 있는 저 독수리는 외롭고 고독할지도 모른다. 그렇지만 저 독수리처럼 불귀不歸할 수 없는 절대고독의 시간과 자유로움의 세계 속에서 우리는 살아갈 수 없다. 인간의 발길이 닿지 않는 머나먼 세상에 대한 고요와 적멸의 세계 속으로 우리는 날아가지 못한다. 오, 나여! 이 세상의 온갖 편견과 타협 속에서 자포자기의 나날을 보내고 있지 않은가.

커다란 독수리가 나에게 달려든다. 독수리는 내 몸을 사정없이 쪼아 먹는다. 안돼, 안돼, 아직 살아야 한다. 다시 봄의 시간이 찾아온다면 불멸의 정원에서 꽃과 초목을 아름답고 찬란하게 키워낼 것이다. 그렇지만 봄이 오기 무섭게 가을과 겨울은 너무 빨리 다가오고 또 모든 것을 앗아가 버린다. 백일동안 찬란하게 피어 있던 봄은 순간에 숨가쁜 이별의 시간을 만든다. 봄이 가고 나면 그 많던 약속은 모두 지나버리고 깨달음의 순간은 여전히 아득하게 저 멀리 있었다. 언제나 마음 먼저 떠나보내고 몸은 뒤에 남아 홀로 울고 있었다.

티베트 사람들은 육신보다 영혼을 숭배한다. 설산 고원이라는 지리적 환경과 함께 인간 영혼의 인과응보나 윤회가 천장 문화의 정신적 배경이다. 영혼 불멸, 사람이 죽은 후에 육신은 없어지지만 영혼은 연속된다는 믿음은 사람으로 하여금 인간의 육신은 그저 껍데기일 뿐이라고 인식하게 한다. 이러한 생사윤회설은 죽음에 대한 인간의 두려움을 해소해준다. 살아있는 사람은 죽은 자의 영혼을 저세상 어딘가로 데리고 가서 윤회의 궤도로 안내한다. 천장은 바로 산 자와 죽은 자, 육신과 영혼, 인간과 자연의 마지막 끈을 이어주는 매듭이다.

티베트 사람들에게 삶과 죽음은 하나다. 그들은 철저하게 윤회와 환생을 믿는다. "영혼이 끝없는 여행을 하며 몸을 받아 세상에 나고, 죽음이란 몸을 받지 않은 때를 말하니 삶과 죽음은 둘이 아닌 하나"(『티베트 사자死者의 서』)라고 가르친다. 따라서 현생은 한 번뿐이고 미래의 삶은 수없이 많으니 살아서 선행을 쌓아야 무수한 다른 생을 밝힐 수 있다고 여긴다. 이러한 생사관을 지닌 사람에게 죽음은 그리 슬프거나 두려운 대상이 아니다. 라싸의 밤하늘에는 삶과 죽음을 초월한 적요 같은 달빛이 짙게 드리워져 있었다. 누군가 달은 어둠을 밝히는 눈이라고 했다. 세상의 어둠을 바라보는 달과 같이 눈은 모든 것을 새롭게 태어나게 만들고 죽게 만든다. 눈의 탄생과 눈의 죽음, 그 속에서 환생이 이루어진다.

환생이란 수많은 생을 거쳐 영혼이 성장해가는 과정이다. 우리는 육신을 가지고 불완전한 존재로 태어나지만, 환생은 완전함과 영적 의미를 약속해준다. 현생은 과거의 행위를 수확하는 시간이며, 동시에 미래의 씨앗을 뿌리는 시간이다. 마음은 과거와 끊임없이 이어지는 연속성을 갖는다. 환생은 이 세상의 모든 만물이 어떤 원인의 결과로 있는 것이며, 마음이나 의식도 그러한 상황의 결과로 존재하는 것이다. 따라서 '모든 사물과 나는 하나로 이어지며物我一體', '하늘과 인간은 하나로 합해지는天人合一' 관계이다. 그리하여 티베트 들판에 사는 야크는 풀을 먹고, 사람은 야크를 먹고, 독수리는 사람을 먹고, 그 독수리는 다시 하늘로 돌아간다. 하늘로 날아가는 독수리의 날개에는 순간에서 영원으로 전달되는 신화의 전언이 담겨 있다. 아, 이 끝없이 되풀이 되는 아득한 생사의 윤회여!

　죽고 사는 문제는 사람에게만 달린 것이 아니다. 티베트 사람은 나라를 통째로 중국에 내어주고 빼앗긴 땅에 사는 사람이다. 그들의 정신적 지주였던 포탈라궁은 더 이상 티베트인들의 영혼의 성전이 아니라 세상 사람들의 박물관이 되어 버렸다. 자신의 언어를 버리고 이방인의 언어를 습득해야만 하는 이 기막힌 현실에도, 자신의 하늘길을 열어 '칭짱 철도'라는 것을 만들어 땅과 하늘을 오염시켜도 티베트인들은 울지 못한다. 그래도 티베트 사람들은 잃어버린 산야가 언젠가 자신들에게 돌아올 것이라고 믿는다.

　암드록쵸 호숫가 초원에 누웠다. 야생화와 함께 바람에 흔들리며 하염없이 호수를 바라본다. 내가 사는 곳은 어둠이며 밤이지만 이곳은 빛이며 낮이다. 나는 지옥에 살고 있지만 이곳에 사는 사람들은 천국에 사는지 모른다. 천국과 지옥 사이를 오가며 자꾸 떠나간 사람들을 불러본다. 이제 새롭게 만나야 할 사람보다는 떠나간 사람이 더욱 많다. 더는 세상에 없는 사람들이름을 자꾸 불러본다. 떠나간 사람, 부서지는 자연과 망가지는 세상, 신은 인간을 천국에 살도록 이 놀라운 자연을 만들어주었지만 인간은 악마가 되어 자연과 세상을 파괴하고 있다. 호수도 하늘도 자꾸 무너지고, 나도 스러지고 그대는 사라져 간다.

호수를 바라보며 나는 언젠가 죽으면 천장되어 티베트 땅에서 버려지고 싶다고 생각했다. 나는 죽어 이 세상에 다시 환생할 수 있을까. 무엇이 되어 이 세상에 다시 태어날까. 과거의 시간에 이룬 모든 일은 내일이 되어 다시 태어날 것이다. 지금 나의 손에 주어진 모든 '이 순간'은 다음 생을 위한 준비로 이루어지며 어떤 모습으로 환생하게 될까. 모든 것은 윤회의 고리 속에서 어디에서 무엇으로 다시 태어날지 알 수 없는 일이다. 나뭇가지 위에 앉은 새들도 몸을 떨며 새날을 기다리고 있다.

언젠가 미국에서 한국에 휴가온 아들에게 말했다.

"아들아, 내가 죽거든 시신을 천장하여 티베트의 어느 산하에 뿌려다오."

아들은 펄쩍 뛰며 대답했다. 한 번도 아비의 말을 거역한 적 없는 아들의 대답은 단호했다.

"아버지, 저는 그리 못합니다. 아버지를 먼 이국땅에, 그것도 헐벗고 척박한 땅에 버릴 수는 없습니다."

 티베트는 결코 헐벗고 척박한 땅이 아니다. 그곳에 사는 사람들은 비록 가진 것 없이 살아도 세상에서 가장 맑고 푸른 영혼을 가졌다고 말해주고 싶었지만 그만두었다.

 티베트에 머무는 동안 내내 무엇보다 우울했던 것은 자본주의의 정점에서 날아온 내가 티베트 사람들의 마음속으로 깊이 스며들 수 없다는 사실 때문이었다. 어디서나 우리는 서로에게 깊이 스며들 수 없다. 우리 모두는 어디를 가도 정착할 수 없는 떠돌이들이다. 떠도는 우리는 대체 어디까지 가야 난민의 신세를 면할 수 있을까. 티베트 사람들은 '타슈탈레(안녕하세요)'하고 인사를 해도 그냥 흰 이빨을 드러내며 씩 웃기만 했다. 나는 왜 저들처럼 암드록쵸 호수의 에머랄드 물빛 같은 아름다운 영혼을 간직하지 못하는 것일까. 깊은 자책 속에 라싸의 밤은 깊어만 갔다.

 내 죽으면, 티베트의 어느 산골에서 천장을 치르고, 내 헐벗은 정신과 육신을 쪼아먹은 독수리를 따라 티베트의 신하를 날아다닐 것이다. 뼈와 살이 다 발라지고 한 조각 몸덩어리가 티베트 산야에 뿌려진다 해도, 영혼만 온전히 살아남는다면, 나는,

티베트 산야 어느 곳에서 나무와 새가 되어 살아가리라.
 라싸의 푸른 하늘 위에는 독수리 한 마리가 높이 날아다니고 있었다.

첫 그리고 끝

첫눈이 펑펑 내린다. 어린 새끼를 데리고 산책 나온 노루가 숲속을 거닐고 있다. 노루는 슬픈 눈망울로 내 쪽을 바라보며 잠시 이야기라도 나누자는 표정이다. 멀리서 꿩 우는 소리가 들려온다. 겁많은 꿩은 길게 메아리를 남기면서 어디론가 사라진다. 동네 아이들도 모두 달려 나와 눈사람을 만들고 눈싸움을 한다. 첫눈 내리는 날에는 하늘도 땅도 모두 축복의 세례를 받는다.

언제나 '첫' 기억은 가슴을 설레게 한다. 첫눈, 첫사랑, 첫차, 첫출발은 모두에게 소중하고 아름다운 것이라 그 '첫'을 기억하기 위해 과거의 시간으로 되돌아 가본다. 첫 기억은 언제나 생생하게 남아 가깝든 멀든 우리의 시간을 일깨운다. 그렇지만 아름답게 태어났다 아름답게 사라지기란 얼마나 힘든 것인가. 인생은 어디에서 와서 어디로 가는 것일까. 마찬가지로 인생의 첫 기억은 흐릿하게 남아 언제 어디에서 왔는지 돌아갈 곳이 어디인지 알 수 없게 만든다. 그렇지만 첫 기억으로부터 멀어질수록 마지막을 향해 나아가고 있는 것은 분명하다.

아침에 눈을 뜨고 하루를 시작해서 저녁에 잠자리에 들며 하루를 마칠 때까지의 처음과 끝의 시간은 인생의 축소판이다. 매일 아침 눈을 뜨면 나를 흥분시키는 것은 이 하루의 탄생과 시작이 있다는 사실이다. 하루의 시작을 지켜볼 때마다 나는 한없는 충만감을 느낀다. 하루의 시작은 새로운 아이의 탄생보다 더 감동적으로 다가온다. 24시간이라는 하루 동안 맞이하는 낮과 밤은 매 순간 이 세상에 존재의 모습을 드러내는 시간이다. 낮 동안 숲을 거닐며 노루와 꿩을 만나 대화를 나누면서 자연의 경이를 느낄 수 있다는 것, 베토벤의 열정과 말러의 절망이 가득한 음악을 들을 수 있다는 것, 저 찬란한 노을의 일몰을 바라보면서 마지막 남은 시간의 의미를 음미할 수 있다는 것, 마침내 해가 달로 몸 바꾼 어둠 속에서 나의 얼굴과 달의 얼굴이 서로를 바라볼 수 있다는 것, 아! 인생의 시작과 끝은 이렇게 아름답고 신비로운 것이다.

　삶의 무게를 더해 갈수록 첫 기억과 마지막 기억 사이를 메워줄 시간과 경계의 간격은 더욱 깊고 넓어진다. 인생의 시간은 매 순간 첫눈처럼 예고 없이 갑작스레 왔다가 갑작스레 사라진다. 눈은 쌓여서 눈부시다. 눈 위를 걸으면 폭폭 찍히는 발자국, 누구의 발자국일까. 이미 앞서 걸어간 다른 사람들의 발자국이 보인다. 차가우면서 따뜻한 흔적을 보며 나도 그 위를 걸어본다. 첫눈은 자꾸 쌓여가고 빛나는 그들과 그 뒤를 따라오는 그림자가 보인다.

　사람들은 눈이 내리면 누군가를 만나고 싶어 한다. 첫눈 내리는 저녁이면 연인들은 카페에서 만나 사랑을 나누고, 경로당에서는 노인들이 모여 살아온 삶에 대한 이야기를 한다. 먼저 떠난 사람들의 뒷담화를 안주 삼아 막걸리를 마신다. 사람들은 왜 첫눈이 오면 그리운 사람을 만나고 싶어 할까. 아름다운 풍경은 혼자 감상하는 것도 좋지만 함께 감상해야 즐거움이 배가된다는 것인지. 인생의 행복이 서로 사랑하고 아름다움을 느끼는 데 있다고 한다면, 눈 오는 날 그리운 사람을 만나서 그런 행복을 함께 나눈다면, 그 즐거움도 더욱 늘어나기 때문인가.

숲속에서는 새들이 졸린 듯 나무속으로 숨어들고, 시골 마을의 그림자가 아스라이 걸려 있던 굴뚝에서는 하얀 연기가 피어나고 있다. 밤이 깊어 가는 하늘 저 멀리에서는 초저녁 별들이 알 수 없는 그리움과 슬픔처럼 하나둘 나타나기 시작했다. 오랜 세월이 지난 지금도 때로는 함께 학교에 다니던 동무들 소식이 궁금하다. 코흘리개 소년 소녀들 모습은 사라지고 이제는 주름진 얼굴의 노인이 되어 어디선가 늙어가고 있을까. 희미한 첫사랑의 애련을 간직하며 늙어가는 사람이 어디 한둘일까. 첫사랑의 기억은 아직도 거기 그대로 따듯한 봄날의 졸음처럼 졸고 있다. 내가 살아가는 어느 날 마지막 길목에서 우리는 다시 만날지 모르고 그래도 서로를 알아보지 못할 것이다. 그렇지만 그날 저물어 가던 마지막 햇살 아래에서 슬픈 어깨를 흔들며 떠나던 마지막 뒷모습, 가을비가 온 후에 굴러가던 마지막 낙엽의 모습을 잊지 못할 것이다.

첫눈과 첫사랑이 그렇듯 '첫'의 기억은 오랜 풍경으로 빛바랜다. 첫눈이 오고 사랑하는 사람과 폭폭 찍히는 발자국을 뒤로 남기며 함께 걸어갔던 흔적, 흰 눈 속에서 보았던 노루의 표정과 멀리서 들리던 꿩의 울음소리는 첫사랑의 기억과 함께 사라진다. 그렇게 첫사랑은 잃어버린 사랑이고, 어릴 때 만들어 놓은 눈사람이 다 녹아내리듯이 첫눈에 대한 우리의 기억도 자꾸 녹아내리고 있다. 모든 첫 기억들은 자꾸 사라져 가고 있다. 그렇지만 잊혀져 가는 '첫'의 기억은 우리들 가슴 속에 또렷이 남는다. 우리에게 무엇보다 소중한 그리움은 모두 '첫'이라는 이름으로 남기 때문이다. 첫눈과 첫사랑의 약속이 그렇게 가슴설레는 소중한 것이라면, 마지막 눈도 한 계절의 종말이거나 생애의 끝을 의미하는 것이 되어서는 안된다.

　사람들은 첫눈, 첫사랑에 대한 기억은 잘 간직하고 있지만, 마지막 눈과 마지막 사랑은 기억하지 못한다. 첫눈이 내리면 풋내기 연인들의 가슴은 설렘으로 가득하지만, 노인들의 흰 머리칼 위로 떨어지는 눈송이는 슬픔이다. 차가운 손 마주 잡고, 눈 내리는 공동묘지 근처를 거닐다 보면 첫눈은 마지막 눈이 되어 인생의 외로움과 쓸쓸함을 불러일으킨다. 마지막 눈이란 단순히 한 계절의 끝에 내리는 것이 아니라, 한 인간이 마지막으로 만나는 사랑 위에 떨어지는 눈이다. 인생의 저녁나절 눈 내리는 쓸쓸한 날, 진짜 사랑이 필요할 때는 이때가 아닐까. 그렇지만 사람들은 첫 기억은 오랫동안 아름답게 간직하지만, 마지막 뒷모습을 아름답게 보이지는 못한다. 한 계절의 시작과 끝, 한사람과의 시작과 마지막을 잘 마무리한다는 것은 정말 중요한 일이 아닌가. 언제나 '끝'을 의미하는 마지막은 슬프다. 그동안 쌓아온 것과의 단절, 다시는 볼 수 없는 이별을 연상시킨다. 마지막 열차, 마지막 사랑, 마지막 이별…. 정말 마지막이 되면 아무것도 잡을 것이 없어 우리 생은 더욱 가벼워질까.

자정이 가까운 시간에 어딘가로 달려가는 버스에는 '마지막 버스'라는 안내문이 붙어있다. 온종일 열심히 운행하다가 하루를 마무리하면서 휴식지로 달려가는 버스의 모습은 깃발을 펄럭이며 포구로 돌아가는 만선滿船 같다. 모든 시작이 이루어지는 봄의 연두의 시간도 아름답지만, 마지막 가을걷이를 하는 추수의 풍경도 참으로 경건하고 신성하다. 한해를 마감하며 새겨지는 나이테는 단순한 육체의 주름살이 아니라 모진 풍상 겪은 세월의 흔적으로 남겨진다. 이 세상에서 가장 아름다운 것은 하루와 한 계절을 마무리하고 거두는 수확의 모습이다.

사람들은 만나서 사랑을 나누다가 헤어진다. 끝은 '마지막'을 의미하는 말로 항상 슬프다. 끝은 '시작'의 반대말이다. 우리의 시작은 항상 설레고 엄숙하고 진지하다. 시작을 함부로 가볍게 출발하는 사람은 없다. 모두가 처음은 소중하고 경건하지만 마지막을 그렇게 장식하는 사람은 드물다. 처음 피는 꽃은 화려하고 찬란하지만 마지막 떨어지는 꽃은 시들어 비참하다. 사랑이 오는 시간을 알 수 없듯이 사랑이 떠나는 시간도 알 수 없다. 인생도 태어나 자라서 청년이 되고 노년이 되어 결국 죽음을 맞이한다. 아침 해가 새날을 열고 시작하듯이 석양은 끝을 맺으며 하루를 마무리한다. '회자정리 생자필멸會者定離 生者必滅'이라 했듯이, 모든 만남은 반드시 이별이 있고 산 자는 반드시 죽기 마련이다.

처음과 끝이라는 두 단어는 양극단에서 서로 다른 느낌을 준다. '시작'이란 단어를 생각하면 생동하고 설레는 감정이 떠오르지만, '끝'이란 단어를 발음해 보면 왠지 침울하고 슬픈 감정이 떠오른다. 그러나 시작과 끝은 모두 하나의 '순간'이다. 전혀 다른 듯 보이지만 결국 같은 지점과 같은 시간을 달리 말하는 것이다. 그래, 인생에서든 세상에서든 끝은 없다. 눈 너머 눈, 사랑 너머 사랑, 다만 눈앞에서 보이는 그곳까지를 우리는 끝이라 부를 뿐이다. 선과 경계가 있을 뿐, 나는 이쪽에서 그대는 그쪽에서 서로를 바라볼 뿐, 생에서 사람들이 그어놓은 선을 어찌 끝이라 하겠는가. 끝에서 시작의 마음을 건져 인생의 걸쇠에 걸 것이니 지금껏 잘 살아 온 것은 모두 시작과 끝을 잘 이어온 덕분이다.

강이 바다에 닿아 비로소 긴 여행을 무사히 마칠 수 있음에 안도하듯이 누군가에게 끝은 새로운 길로 나아가기 위한 징표이고, 또 다른 누군가에게는 더욱 넓은 세상에 닿기 위한 출발일 것이다. 우리의 삶에서 시작과 끝은 맞물려 있다. 우리에게 끝이 있는가. 시작과 끝은 한편의 이야기처럼 서로의 완성을 돕는다. 끝이 나쁘면 시작도 나쁘다는 말대로 끝은 모든 것의 마침표가 아니라 새로운 시작을 의미한다. 우리의 출발이었던 시작은 어디였으며 우리의 끝은 어디일까? 나는 여기, 그대는 거기에 있을 뿐.

스며들기

　인간의 삶은 이 세상의 모든 대상으로부터 서로 '스며들기'의 과정에 의해 영위되어간다. 사전적 의미로 '스며들다'의 의미는 '스미다'와 '들다'가 결합하여 만들어진 합성어로 마음 깊이 배어들고 느껴지는 것을 뜻한다. 인간은 인간으로부터, 세상으로부터 영향을 주고받으며 서로 스며들어 간다. 삶이란 사람들이 타인이나 세상과의 인연과 교감에 의해 이루어진다고 해도 지나친 말이 아니다.

　사람에게는 모두 '인연'이 있고 '교감'이 있다. 어떤 인연은 깊은 교감으로 맺어지게 되고, 어떤 인연은 짧은 교감으로 그치는 경우도 있다. 교감이란 말 그대로 서로의 감정을 공유하며 관계를 맺는다는 뜻이다. 언어가 통하지 않는 사람들이나 동물들과 관계를 맺을 때 자주 등장하는 정신적 교감이란 마음이 통하는 것을 의미한다. 감정을 공유한다는 점에서 교감은 소통보다 더 진화된 관계라고 할 수 있다. 교감이 없으면 사람 사이의 깊은 관계가 가능할까. 서로에게 스며드는 감정과 교감이 깊으면 깊을수록 그 인연은 깊어진다.

언젠가 시베리아횡단 열차를 타고 시베리아 횡단을 하는 길고 긴 여행의 과정에서 만난 러시아 사람들을 기억한다. 그들과 교감을 나눈 것은 단순히 언어나 몸짓에 의한 것이 아니다. 함께 눈빛을 주고받고 가슴과 가슴을 열고 마음이 통했기 때문이다. 서로가 서로에게 마음과 생각이 스며들었기 때문이다.

미지에서 만나는 낯선 사람과 세상의 다른 모습을 만남으로써 반복되는 일상의 지루함과 무의미에서 벗어나기 위해 나는 여행을 떠난다. 우리의 일상에서 벗어나 상처받고 고통받는 삶에서 구원을 얻을 수 있는 것이 여행이라는 생각으로 무조건 떠난다. 가고자 하는 곳이 정해지면 밤이든 낮이든 배낭 하나 달랑 메고 공항으로 달려간다. 무조건 떠나는 것이 능사가 아니라는 것을 알지만 진짜 자신을 알고 세상으로부터 더 큰 깨달음을 얻고자 하면 떠나야 했다. 새로운 세상을 만나고 세상과 하나가 되는 존재 회복은 여행을 통해서 가능했다. 미지에서 만나는 사람들 속으로 깊이 스며들면서 그곳의 문화와 역사를 알게 되었다.

스며드는 것이 반드시 사람들과의 요란한 만남을 통해서만은 아니다. 고요와 적막 속에서도 스며드는 감정은 오히려 더욱 강하게 살아난다. 언젠가 달빛 창연한 밤에 경주 감은사지感恩寺址를 거닌 적이 있다. 건너편에서는 동해의 푸른 바다가 넘실대고 천년고도의 사라진 감은사지의 숨결이 가슴으로 스며들었다. 만월이 춤추는 오랜 절터에서 형언할 수 없는 침묵의 적요가 나에게 스며들고 있었다. 오랜 세월의 무게를 안고 있는 절의 역사는 그 언어와 풍경을 안으로 안으로 감추고 있을 뿐이다. 진실로 오래된 것은 어떤 것도 함부로 말하지 않는다. 고요로 역사를 읽어주고 세상을 보여준다. 천년의 역사를 침묵으로 듣고 있으면 몸서리치며 그저 아득한 적막의 시간 속으로 빠져든다.

우리는 모두 고요를 상실한 시대에 살고 있다. 고요를 잃으면서 외로움도 잃어버렸다. 이 세상은 갈수록 시끄러워져 간다. 한 조각의 고요한 마음과 침묵하는 언어로 서로에게 경건하게 스며드는 마음이 모두 사라졌다. 왜 인간은 외로움을 견디지 못하고 고요를 참지 못하는 것인가. 헛된 욕망과 편견과 이기에 의해 인간은 거칠고 험한 세상으로 빠져들고 있다. 그래서 인간은 자연을 파괴하고 생명을 가볍게 여긴다. 삶은 번져서 죽음이 되고 다시 죽음은 번져서 삶이 될지도 모른다. 풍경은 바람과 함께 스며들어 바람이 되고 사연이 된다. 낮은 스며들어 밤이 되고, 봄은 스며들어 여름이 되고 가을이 된다.

어둠은 빛 속으로 스며들고, 죽음은 생명 속으로 스며든다. 우리는 세월 속에서 자꾸 죽어가면서 지키지 못한 약속에 대해 슬퍼한다. 시간이 지나가면서 무엇보다 슬픈 것은 아득하게 사라져가는 그리움이다. 희미하게 사위어 가는 별빛 같은 그리움, 멈추어 버린 망각의 시간, 지키지 못한 약속이 안개처럼 피어오른다. 끝까지 약속을 지키지 못한 채 떠나보낸 사람을 생각하면 한겨울의 진눈깨비를 보는 듯 밤잠을 이룰 수 없다. 누군가에게 깊은 사랑을 베풀고 공감을 나누며 스며든다는 것은 그래서 중요하다.

19세기 영국 작가 제인 오스틴의 소설 『이성과 감성』은 다양한 등장인물이 등장하면서 서로에게 스며드는 과정을 보여준다. 사랑으로 인해 상처를 입지만 상황을 냉정하게 정리하고 자신의 고통을 내면으로 받아들이는 엘리너, 상대방의 변심을 알게 되자 실망하여 자신을 절제하지 못하고 절망에 빠지는 메리앤, 엘리너를 사랑하면서도 우유부단한 성격으로 인해 이를 표현하지 못하는 에드워드, 젊고 매력적이지만 금전의 유혹에 빠져 메리앤을 배신하는 윌러비, 이 작품에 등장하는 인물들은 모두 다른 성품을 가지고 있으면서 그들은 모두 서로의 삶에 영향을 미치며 스며들어 가는 존재이다.

『이성과 감성』의 인물들이 보여주듯이, 우리는 서로에게 스며들면서 사랑을 나누고 인생을 살아간다. 서로 다른 '이성'과 '감성'을 나누고 함께 살아가야 한다. 우리의 삶에서 이성은 이성대로, 감성은 감성대로 제 역할은 소중하다. 이들은 서로에게 빛으로 생명으로 스며들면서 살아간다. 꽃이 꽃을 향하여 피어나듯이 사람과 사람이 서로 관계를 맺고 사랑하는 것은 서로가 서로에게 스며드는 것이다. 사랑과 원망을 함께 나누고 스며들어 가면서 서로는 사랑의 꽃이 되고 미움의 꽃이 되어간다. 사랑은 서로의 빛깔과 냄새를 나누어 가지며 조금씩 물들고 스며들어 가는 것이다.

덥고 지루하던 여름의 더운 공기가 어느새 차갑고 싸늘한 기운으로 바뀌어 간다. 그토록 극성을 부리던 열기가 계절의 변화 앞에서 결국 굴복하고 말았다. 지루하게 계속되던 터널이 지나가고 여름이 온 것이다. 새로운 계절과 함께 찾아온 가을바람이 몸과 마음에 새로운 기운으로 스며온다. 하루를 마감하고 다가오는 저녁노을은 서쪽 하늘을 붉게 물들이며 번져간다.

시간과 계절의 변화는 미지의 삶이 나를 기다리고 있을 것이라는 흥분에 사로잡히게 하지만, 이제 계절의 변화도 삶에 큰 의미를 가져오지 못하는 것 같아 슬프고 막막하다. 계절이 바뀔 때마다 맑은 물속으로 번져가는 물감같이 삶에 대한 흥분과 기대, 일상을 벗어나 무언가 새로운 일이 일어날 거라는 꿈을 가져보지만, 갈수록 생명 있는 모든 것은 밋밋하고 지루한 일상으로 바뀌고 만다. 그렇지만 여름에서 가을로, 그리고 가을에서 겨울로 변화되어 간다는 것은 하늘과 땅이 서로에게 번져간다는 의미를 지닌다. 새로운 계절에는 이 세상과 사람들이 서로에게 더 깊이 스며드는 시간이 되었으면 한다.

숲에서

숲은 깊고 푸르다. 살아가면서 내가 가장 큰 평화와 안식을 느낄 때는 숲속에 있을 때이다. 헨리 데이비드 소로는 『월든』에서 "죽을 때 내가 인생을 헛산 게 아니었다는 것을 깨닫고 싶었기 때문"에 숲으로 간다고 했다. 이 험난하고 번잡한 도시 한가운데서 삶이 힘들어 주저앉고 싶은 생각이 든다면, 숲으로 가 볼 일이다. 숲의 하루는 너무 고요하고 평온한 것이어서 인간의 게으름을 꾸짖지 않는다. 그 속에서 들려오는 새소리 매미소리 바람소리에는 오히려 적막이 있다. 소리와 적막을 동시에 누리기 위해 나는 숲으로 간다. 적막의 소리에서 삶과 죽음의 의미를 알기 위해 고요하고 눈부신 심연으로 빠져들어 간다.

제주에서 생활하는 가장 큰 보람은 잠시만 달려가면 금세 아름다운 숲을 만날 수 있다는 것이다. 언젠가 마을에서 숲으로 이어지는 길을 우연히 발견했다. 그 길이 숲으로 이어진다는 걸 알게 된 후 그곳을 자주 방문하게 되었다. 숲은 아름답고 적요할 뿐 아니라 웅장하면서도 무심한 그러면서도 살아 있는 위엄을 지니고 있다. 들판을 지나 쉬지 않고 걸어가다 보면 마침내 깊고 푸른 숲길에 당도한다. 나무와 풀들과 잎사귀엔 향유처럼 햇빛이 찬란하게 흐르고 있다.

숲속에는 소나무 산수유나무 동백나무 주목 밤나무가 무성하게 자라 누구로부터도 방해받지 않은 채 고독과 정적에 휩싸여 있다. 나무는 땅에서 태어나서 하늘을 바라보며 산다. 그래서인지 하늘을 향해 자꾸 뻗어간다. 이들과 만남의 시간은 인생에서 가장 특별한 생명의 시간이다. 여기서 세속적 일상을 포기하고 명상과 소통이 이루어지는 대화의 시간을 갖게 된다.

숲속에서는 빛과 어둠, 생명과 죽음이 함께 있으며, 이 모든 것이 조화를 이루고 종합된다. 하늘과 땅이 하나가 되고, 나무와 풀은 화합한다. 꽃은 꽃대로 피고 초록이 물든 나무는 나무대로 자라 숲의 주인이 된다. 이곳에서는 장엄한 주목이나 아름다운 단풍나무만 중요한 것이 아니라 길섶의 쑥과 민들레도 소중하다. 모든 생명체는 저마다 생명의 힘과 존재 방식을 지닌다. 주목은 주목대로 소나무는 소나무대로 빛과 어둠 속에서 생존한다.

 우거진 나무 사이로 한 줄기 햇살이 쏟아져 내린다. 이 찬란하고 따스한 햇살이 내 몸에 닿고 나를 비추어 준다는 것은 얼마나 큰 축복인가. 나는 비로소 몸과 영혼이 살아 있음을 느낀다. 인간은 어둠을 싫어하고 빛 속에서만 살아가고자 하지만, 숲에서 어둠은 빛으로, 빛은 어둠으로 변한다. 숲은 인간처럼 더 잘 살기 위해 몸부림치지 않는다. 그냥 있어도 깊고 푸르다. 숲에서 나오는 생명의 숨결은 내 몸을 움직이게 하고 영혼을 숨 쉬게 한다. 몸은 영혼의 껍질이라고 흔히 이야기하지만, 영혼 없이 몸은 움직일 수 없고 몸 없이 영혼은 살아 있을 수 없다.

 숲속에서 나는 철학자가 된다. 철학자가 된다는 것은 단지 인생에 대해 심오한 사색을 한다거나 어떤 사상을 세우는 일이 아니다. 자연이 주는 지혜를 사랑하고 그 생명의 가르침에 따라 소박하고 너그러운 삶을 배우는 것을 의미한다. 이곳에서는 인생의 의미를 이론적으로 이성적으로 따질 필요가 없다. 은둔하고 칩거해 있는 나무와 잎은 거짓과 위장 없이 자신의 존재와 소멸의 의미를 있는 대로 보여준다. 그들을 바라보고 있으면 삶과 죽음의 의미는 절로 드러난다.

숲속에서 나는 시인이 된다. 시인이 된다는 것은 이곳에서 굳이 언어를 빚어 시를 짓는 것을 의미하는 것이 아니다. 흙과 자연과 우주와 밀착한 존재가 되어 함께 노래하게 된다. 이곳에서는 굳이 수사의 어휘도 언어를 만들어내기 위한 형식도 필요 없다. 나무를 보면서 바람에 흔들리는 나무가 내 생명이라는 것, 저들은 우리와 함께 살다가 흙이 되어 죽을 것이라고 생각하게 된다. 숲은 만물을 기르는 어머니이며 그 속에서 나무와 새와 바람은 함께 살다가 죽게 된다.

몸통 군데군데 상처를 입은 밤나무 한그루가 보인다. 덩치 큰 밤나무는 슬프게 울고 있다. 나무가 혼자 아파하며 우는 줄 모르고 있었다. 옆에 있는 다른 나무에게 밤나무가 왜 아파하느냐고 물어본다. 가을바람이 불기 바쁘게 사람들은 밤나무 아래로 모여들었다. 떨어진 밤송이를 줍기 위해서다. 그냥 밤송이를 얻기 위해 나무를 흔드는 것이 아니라 긴 장대로 나무를 이리저리 후려친다. 밤나무를 바라보는 마음은 무거웠다.

인간의 이기심과 폭력을 어떻게 이해해야 할 것인가. 사람들은 자신의 이기심과 욕망을 성취하기 위해 잔혹한 폭력과 착취를 서슴없이 휘둘러 다른 존재를 슬프게 한다. 탐욕스러운 인간의 나쁜 마음만 아니면 자연과 인간은 서로 사랑하며 살아갈 수 있을 것이다. 물질적 허영과 욕망에 의해 모든 것이 지배되고 갈수록 삶의 의미를 상실해가는 오늘날, 우리는 진정으로 무엇을 위해 사는지를 망각하고 있다. 그렇게 사람들은 숲과 흙을 버리고 있다.

사람들은 먹고사는 문제에 목숨을 걸고 있으며 더 탐욕스럽게 더 많은 것을 얻기 위해 몸부림친다. 나무와 잎들은 헐벗고 소박한 삶을 살고 있지만, 새와 나비들과 노래하고 땅과 하늘과 대화하며 풍요롭고 넉넉한 삶을 살고 있다. 꽃은 스스로 피어나지만, 자신만을 위해 사는 것이 아니라 벌과 나비를 위해 산다.

숲에서 계절의 전환은 항상 요란하고 찬란하다. 그 속에서도 꽃은 어떻게 제가 피어날 시기를 기막히게 잘 아는지 철쭉이 얼굴을 내미는가 하더니, 뒤이어 이팝나무가 봄바람에 흔들린다. 인간이 이 세상에 감사해야 할 대상은 많지만, 그중에서 으뜸은 꽃과 나무의 잔치가 아닐까. 꽃과 나무가 없는 세상을 어찌 상상할 수 있을까.

내가 숲으로 가는 것은 새로운 세상과 인생을 보기 위함이다. 세상의 원초적인 모습을 보려는 것이며, 생명이 가르치는 진정한 것을 배우기 위함이다. 숲은 어떤 고통과 슬픔도 마침내 생의 향기가 되게 만들고, 그리하여 삶과 죽음의 의미를 깨닫게 한다.

 인생을 깊게 살기를, 생명의 모든 진수를 보기를 원하면서 숲에서 지혜로운 삶의 모습을 보기를 원했다. 나무와 수풀과 고귀한 대화를 나누며, 인생에서 의미 있는 것이 무엇인가를 확인하고 싶었다. 숲은 생명이 왜 중요한 것이며 새로운 차원의 삶이 왜 중요한 것인가를 알려준다. 숲에는 이 지상에서 결핍한 평화와 사랑과 생명이 담겨 있다. 그래서 나는 오늘도 숲으로 간다.

2부

사라지는 것들을 위한 애도

유빙流氷
애월, 그 후
사라지는 것들을 위한 애도
잠시 그리고 영원
새들과의 작별
나무에 대한 속죄

유빙流氷

    남극은 지구가 아닌 별세계였다. 하얀 들판과 빙산, 바다 위에 떠다니는 유빙들만 보이는 낯선 세상이었다. 수없는 시간의 적설로 이루어진 눈과 빙산이 가득한 그곳에서 나는 지구가 아닌 다른 행성에 당도했다는 느낌이 들었다. 남극으로 떠나기 전, 그곳이 어떤 모습일까를 수없이 상상해 보았지만 이제 그 현실이 눈앞에 전개되고 있었다. 드레이크 해협Drake Passage을 지나는 동안 몹시 흔들리던 배는 고요의 어둠 속으로 이끌려 가는 듯 이내 잠잠해지고 나를 백색의 천국으로 이끌었다.

    배는 갈수록 깊은 미궁으로 빠져들어 가는 듯했다. 수천만 년 동안 눈과 바람과 얼음이 쌓아온 적층의 세월, 그 깊이는 아무도 모른다. 아무리 들여다봐도 바닥이 보이지 않는 수심은 푸르고 푸르다. 저 바다와 빙산은 얼마나 많은 기다림의 세월을 켜켜이 안고 있을 텐데 조금도 흔들림 없이 저리 고고하게 서 있는 것일까. 태풍이 불어와 흔들리면 흔들리는 대로 빙하를 앞세우고 강과 바다는 끝이 없다. 오가는 시간만 바라보며 터 잡고 사는 빙산과 빙하는 가까이 다가오는 인간들에게 감히 너희가 어찌 우리 삶의 깊이를 알겠느냐고 묻는다. 간만과 사리를 바꿔가며 햇빛과 달빛은 제 시간을 지워버리고 오직 은물결로 철썩인다. 생사를 넘나들며 저들이 지닌 비밀을 밝힐 일도 아닐진대, 이 적막의 세계에서 백색의 풍파와 마주 서서 무얼 어찌하자는 것인가.

심해를 들여다보니 지나온 삶이 물 주름이 되어 인광처럼 일렁인다. 해일처럼 일어났다 사그라지던 부질없는 일생을 저 심해의 적멸 속에 모두 버려도 좋겠다. 남극의 백색 고요 속에서는 세상의 모든 욕망과 갈등, 다툼과 배신은 사라지고 없다. 한 인간으로 태어나 병들고 늙어가는 생멸을 바라보는 것이 인생이라면, 흔들리는 남극의 백색 또한 한 생애일 것이다. 누군가의 생애가 아무리 위대한 것이라 한들 무엇이 저 영원한 백색의 적막을 넘어설 수 있을 것인가. 아득한 세월을 간직하며 다지고 다져진 빙산은 빙하가 되어 흐르고 있다.

빙하는 만년설의 자식들이다. 빙하의 퇴적 광상을 바라보고 있으면 그 속에 새겨진 오랜 삶의 역사가 그려진다. 빙하는 억겁의 세월 동안 그 얼굴과 모습을 달리 해왔다. 어떨 때는 지옥과 천국의 모습으로, 어떨 때는 천사와 악마의 모습으로 변해왔다. 우리 아버지를 만든 할아버지의 젊음은 한때일 뿐이었지만 빙하의 시간은 영원하다. 빙하의 시간은 우리가 살아가는 이 지구와 세상을 위해, 그리고 우리가 알고 사랑하는 누군가를 위해 빚어진 것이다. 아니면 미래에 사랑하게 될 누군가를 위해 빚어낼 시간이다. 할아버지가 아는 삶의 지혜를 손자에게 가르치듯이 빙하는 우리 곁에서 영원히 함께 하기를 소망했다. 그렇지만 내가 틀렸다. 알고 보니 빙하도 사람만큼이나 덧없이 흘러가는 존재였다.

빙하는 오랜 세월을 지난 눈과 얼음이 켜켜이 쌓이고 녹아 심해에서는 기포들이 솟아오르고 있다. 남극에서는 아무도 바라보지 않는 바다와 텅 빈 파도뿐이다. 이곳에서는 아옹다옹하는 삶이 모두 부질없는 일이어서 모든 것이 동면하며 부동으로 제자리에 서 있다. 조디악을 타고 첫 빙하에 다가가기 위해 파라

다이스 만Paradise Bay으로 다가갔다. 빙하와 눈 골짜기 곳곳에는 크레바스가 균열된 채 입을 벌리고 있다. 빙하가 갈라져 생긴 좁고 깊은 틈에는 한 번 빠지면 영원의 시간으로 떨어지는 나락이 버티고 있다.

크레바스의 모습은 균열되어 가는 지구의 모습을 닮았다. 수없는 세월의 공기와 바람이 갈라놓은 생명의 절리이다. 오랜 삶과 자연의 서사를 간직한 저 깊이는 지구를 찰나에 던져 버릴 수 있는 나락이다. 비바람과 빙하의 흐름이 만든 내밀한 속살이 담긴 통로를 엿본다. 그 속에는 깊은 거리와 간격이 놓여있다. 세상의 모든 것이 자꾸 갈라져 가고 있다. 인간과 인간 사이, 인간과 자연 사이가 갈라져 틈이 생기고 그 사이를 갈등과 다툼이 채운다. 이 세상에서는 갈수록 평화와 축복과 사랑이 사라져 가고 있다. 하늘과 땅은 함께 태어났으나 저리 갈라져 삶과 죽음의 경계를 만들고 있다. 빙하 속 크레바스와 동굴에는 어둠이 자리하고 있었다. 빛의 끝자리에서 깊은 어둠의 심연이 나를 바라보고 있었다.

하얀 나부裸婦 같이 잠든 듯 누워 있는 빙하는 석양에 반짝인다. 고요해져라. 세상의 모든 소음과 헛된 소문을 다 버리고 빙하는 저 혼자 외롭고 고고하다. 오랜 삶의 흔적으로 남은 무수한 눈과 얼음의 주름들, 저물도록 천천히 파도 소리가 씻어내리니 지워지지 않은 자취가 어스름 속으로 아득해진다. 물속에서 뿌리를 만들며 물 주름이 햇빛을 접는다. 아직은 제 풍경을 모두 보여줄 때가 아니라는 듯 빙산은 빙하 속에 깊이 잠겨있다. 언제나 나를 끄덕이며 가르치는 것은 생각과 번뇌가 아니라 저 유유한 바다의 풍경과 자유로운 새의 비상이었다. 그렇지만 남극에서 미지의 새는 보이지 않는다. 그들도 이 세상의 진실을 포기하고 차가운 해풍 속 어디론가 떠나버렸는가 보다.

다시 거센 강풍이 불어온다. 남극에서 몰아치는 저 바람의 무게를 나는 알지 못한다. 바람은 그냥 지나가는 것이 아니다. 제 삶의 무게와 아픔을 다 털어내 버리겠다는 듯 거칠게 지나간다. 어디에서도 바람은 머물지 않는다. 한곳에 머물며 누군가를 바라본다면 바람이 아니다. 남극에 불어오는 회오리바람, 돌개바람, 칼바람이 몸을 흔들며 소용돌이를 일으킨다. 인생에서는 허구한 날 사납고 무거운 바람이 불어와 나를 못살게 굴었다. 남극에서 사람의 목소리는 사라지고 바람 소리만 들렸다. 그곳에서의 풍경은 모두 바람의 영역이어서 바람 소리만이 생명을 흔들어 깨웠다. 온통 바람의 길목이어서 바람은 지나가면서 한없이 가벼운 인간의 마음을 흔들어댄다. 어디선가 불어온 바람은 헛된 기다림과 그리움을 저 멀리 날려버린다. 모양도 색깔도 없지만 바람 속에는 삶의 부대낌으로 만들어진 무수한 말과 풍문이 담겨 있다. 산과 바다를 넘어 남극에 도달한 바람은 세상의 부질없는 불화의 말들을 모두 날려버린다.

망연히 바다를 바라보고 있던 펭귄 한 마리가 다가온다. 펭귄은 날지 못하지만, 슬픈 날갯짓을 통해 무언가를 말하고자 하다가 그만둔다. 기척을 내보지만 펭귄은 무슨 복받친 마음이 있는 듯 돌아서 버린다. 눈앞의 바다에서 흘러가는 빙하를 바라보며 저들은 망연히 서 있다. 어디서나 삶의 행간은 얼마나 성성해야 하는지. 아무리 허전하다고 말해도 빙하는 펭귄의 마음을 받아들여 주지 않는다. 떠난 사람은 다시 생각지 않으리. 기뻐하지도 슬퍼하지도 말자. 인간도 펭귄도 바다 앞에서는 한없이 흔들리는 것, 바람이 오면 몸을 피해야 하고 바람이 지나가면 일어서야 한다. 바람 앞에 선 펭귄은 해조음을 들으며 하염없이 바다를 바라본다.

영하 수십 도의 매서운 눈보라와 추위 속에서 아버지 펭귄은 아무것도 먹지 못한 채 새끼를 부화하기 위해 홀로 서 있다. 차가운 얼음 바다 위에서 발아래에 알을 품고 길고 지루한 눈물겨운 부정父情의 시간이 시작된다. 아무리 힘들어도 반듯한 자식을 낳는 것이야말로 삶의 오욕을 다 벗어낼 수 있는 길이라고 펭귄은 다짐한다. 당장이라도 바다에 새끼를 내던지고 혼자의 길을 가고 싶다. 그렇지만 새끼의 심장 소리를 들으면 그럴 수는 없다. 가엾어라, 삶의 끈질긴 인연이여! 아득한 부정이여!

  펭귄의 이 기막힌 부정을 인간이 어찌 알 수 있을까. 무엇을 위해 걷고 또 걸어 이 머나먼 곳까지 찾아온 것인가. 얼어붙은 바다와 빙하를 건너 펭귄은 이곳까지 걸어왔다. 오직 생존을 위해 속세에서 이를 악물고 살아가야 하는 인간 아버지들의 고행을 생각해 보면, 바다를 바라보고 서 있는 저 펭귄의 망연한 표정과 슬픔이 무엇을 의미하는지 알듯도 하다. 인간으로 태어났어도 짐승처럼 살면 짐승이 되고, 펭귄으로 태어나도 인간답게 살면 인간이 되는 것이다. 아무리 인간은 인간이며 펭귄은 펭귄일 뿐이라 해도, 펭귄은 바다에서 인간은 지상에서 떠돌고 떠돌다 사라지는 모습이 무엇이 다를까. 서로 부대끼면서 자신들의 천적들에 대항하며 살아남아야 하고 작은 삶의 지혜를 얻기 위해 허덕이며 살아가는 모습은 인간과 펭귄이 다르지 않다. 펭귄이 사는 세상과 인간이 사는 세상이 무엇이 다른가. 그들이 바라보는 유빙과 인간이 바라보는 유빙이 무엇이 다를까. 바다는 제 길을 지우며 저물어도 어느 길 하나 온전히 그 끝을 알 수 없다. 바라보면 저녁 햇살 한 줄기 윤슬로 반짝이는 수면 위엔 흔들리며 흘러가는 유빙뿐이다

유빙은 낡은 목선처럼 물살에 흔들리며 흘러간다. 어두운 밤하늘에서 떨어지는 한 조각 유성같이 세상에 보태줄 것 없어 마음만 바쁜 유빙이 먼바다를 향해간다. 갈라지고 찢어진 상처로만 남아 더 이상 존재하지 못한 채 모든 것과 결별하고자 한다. 인간도 유빙도 만남의 시간은 기쁘지만 이별의 시간은 슬프다. 유빙은 생애 전체가 흔들리고 녹아가면서 떠내려간다. 욕망 한 번 제대로 챙기지 못하고 한 울림에서 다른 울림으로 이어지며 모두 버리고 흘러간다. 나아가다 멈칫멈칫 서 보지만 아무것도 잡히지 않고 어지러운 꿈 속을 헤매며 어디론가 흘러가고 있다.

머나먼 시간을 넘어 한 조각 얼음덩이로 남아 빙하에 몸을 던지는 순간, 잠에서 깬 펭귄과 물개들도 함께 유빙의 갈 길을 걱

정한다. 떠나지 마라, 떠나지 마라. 세상이 갈수록 어두워지는데 너도 떠나는구나. 너희가 가고 나면 이 바다는 더 공허해질 것이다. 빙하는 더욱 녹아내리고 거칠어지는 강풍이 남극의 바다를 출렁이게 할 것이다. 잡아보려 다가서면 자꾸 멀어진다. 남극을 떠나 유빙으로 떠돌다 어디로 가려는가. 바다는 갈수록 더워지고 수위도 높아질 것이고 사람들도 다 떠나면 이 세상은 누가 지킬까. 눈을 들고 바라보아라, 바다와 하늘이 눈물겹게 이어놓은 저 수평선의 마지막 푸른 마음을. 언젠가 사슬이 되어 함께 얽혀 있던 젊은 날의 사랑도 눈물에 수척이는 얼음덩이로 녹아버렸다. 더불어 살아갈 약속 모두 버리고 자신을 녹인 여름날의 배반이 얼마나 가슴 아플까. 저토록 많은 그리움을 버리고 바다도 노을도 비워내고 한때의 백색 광휘로 빛나던 시간 마저 서둘러 지워내며 너는 어디로 가고 있는가.

  밤새도록 유빙은 어디로 흘러갔을까. 누군가는 떠나고 누군가는 돌아오고, 또 누군가는 영영 돌아오지 않았다. 언제나 버려진 것은 흔들리며 돌아오지 못하고 머지않아 다가올 불우한 내일을 기다린다. 저 멀리 어딘가로 떠나 잊혀 가는 존재가 되어 사라질지 모른다. 중생대의 공룡과 매머드가 세상에 적응하지 못해 멸종한 것처럼 아마 인간도 언젠가는 공룡처럼 사라지지 않을까. 강풍 앞에서 온몸이 꽁꽁 얼어있던 그 시절이 차라리 아름다웠는지 모른다. 빙하가 녹아 어딘가로 흘러가며 결별해야 한다는 사실은 차라리 결빙의 시간이 더욱 행복했던 때였음을 알려준다. 유빙은 삶을 더욱 외롭고 쓸쓸하게 만들 것이고 인간은 지구의 마지막 풍경으로 남아 번지는 노을을 바라보며 눈물 흘릴 것이다. 유빙이 어딘가로 흘러가도 남극의 밤에는 달과 별이 떠올라 제 갈 길을 가고 있을 것이다.

밝은 대낮에 달과 별을 보지 못하듯이, 어둠이 왔을 때야 달과 별의 소중함과 그 신성함을 알 수 있다. 삶의 신성한 가치는 언제나 늦게 이루어지는 법이어서 그 소중함을 망각하며 살아간다. 한 조각 흘러가는 유빙을 바라보며 고래는 제 몸의 무게만큼이나 신성한 삶의 무게를 느낀다. 유빙이 지나가는 것을 바라보며 고래와 펭귄과 곰들은 우리는 살아남아야 한다고 소리친다. 세상이 아무리 흔들리고 어두워져 가도 남극을 지켜야 이 지구가 살아남을 수 있다고, 그래야 이 세상이 멸망하지 않는다고 외친다. 고래는 거친 바람 같은 숨소리를 내뿜으며 인간이 아니면 우리가 이 지구를 끝까지 지킬 것이라고 다짐한다.

유빙流氷

이 세상이 온통 인간이 지배하는 기술과 자본으로 뒤덮인다면 앞으로 지구는 어떻게 될 것인가. 남극과 펭귄과 고래와 유빙은 모두 어디로 갈 것인가. 남극에서 살아가던 생물들의 심장 소리가 바다를 흔들며 평화로운 물속을 유영하던 시절이 좋았다. 먼바다로 헤엄쳐 나가며 때로는 바람이었다가 빙산이었다가 오랜 세월 바다에서 현세를 즐기고 내세의 염원과 사랑을 갈구하던 때가 좋았다. 인간에게 포획되어 뼈와 살이 찢기어도 고래는 오직 이 행성을 지키기 위해 살아가는 존재인 것처럼 남극을 지켜왔다. 우주의 질서란 무엇인가, 지구와 다른 행성이 함께 살아가는 일이다. 초월이란 무엇인가, 하늘과 빙하를 바라보는 일이다. 구원이란 무엇인가, 고래와 유빙을 떠나지 못하게 잡아두는 일이다.

세상에서 가장 머나먼 곳, 지구에서 마지막 평화로운 자연으로 남아 있는 남극. 나는 사치스러운 한순간의 꿈을 꾸기 위해 이곳에 온 것이 아니다. 인간에게 마지막으로 남은 슬픔, 기쁨, 아픔, 눈물을 확인하기 위함이었다. 인간이 꿈꾸기 위해 살아가는 것이 아니듯 유빙도 꿈꾸며 흘러가는 것이 아니다. 꿈은 그저 꿈일 뿐, 우리에게 남은 마지막 삶은 부서지고 갈라져 흘러가는 유빙같이 슬프고 외롭다. 적막으로 흐르는 유빙은 남극의 한겨울처럼 쓸쓸하게 이 지구의 끝을 향해 나아가고 있었다.

애월, 그 후

    다시 애월涯月에 섰다. 갈 길 먼 여행자의 허기진 노독처럼 삶이 고달프고 시들해질 때면 애월을 찾는다. 애월에서는 밤마다 달빛이 바다에서 웅성거리고, 사는 일이 힘든 사람들이 물가에 모여 저마다의 사연을 나누고 있었다. 십 년이면 강산도 변한다지만 그동안 제주도 애월도 많이 변했다.

    붉은 해가 바다 저 멀리 하늘을 동서로 가로지르면서 떨어지고 있다. 주홍빛 잔광이 마지막 가는 길에 축복처럼 뿌려지고 순간이 영원으로 이어진다. 아침에 잠을 깨고 일어나 하루동안 우주를 밝게 비추며 뛰어놀던 해는 이제 수평선 아래로 사라지려 한다. 해는 어머니의 품으로 돌아간다.

    바다는 어머니가 없다. 그 자신이 어머니다. 파도만이 차갑게 육신을 흔들며 오간다. 물이 어머니의 젖이며 피이고 세상이다. 밀려왔다 밀려가는 파도가 인연의 끈이라는 속삭임을 들려준다. 아침에 떠오르는 해, 저녁에 지는 해, 그리고 물과 함께 있는 곳이 애월이다. 애월에서 사는 일이란 잘 닦인 유리창 너머로 풍경을 구경하는 것이 아니라, 풍경을 보기 위해서 아픈 사연을 가진 누군가의 이야기를 밤새 들어주는 것이다. 참았던 눈물처럼 후드득 떨어지는 바닷가 동백을 지켜보는 일, 가슴마다 뻥뻥 구멍 난 상처를 안고 말없이 서 있는 현무암의 아픈 마음을 함께 나누는 일이 애월에서 할 일이다.

 애월에서는 모든 것이 오래되었다. 사람도, 담장도, 길도. 오래된 것이 아름다운 이유는 긴 시간을 외로움과 그리움으로 지새웠기 때문이다. 세상의 오래된 모든 것이 그 모습을 지닐 수 있는 것은 많은 상실과 슬픔을 견디며 쌓아 올린 세월의 무게 때문이다. 제주에 폭설이 내리던 날은 온 길도 갈 길도 없지만, 눈사람은 거리에서 흔적으로만 남아있어도 외롭지 않다. 힘들고 고달픈 오랜 시간을 견뎌낸 것은 그것만으로도 깊은 가치를 지닌 것이다. 삶의 모서리 소실점에서 뜻밖에 만나게 되는 행운과 불행, 만남과 이별 사이를 사람들은 그저 묵묵히 걸어간다. 저마다 안고 있는 고통과 슬픔을 응시하고 보듬으면서 자신의 운명인 양 안고 살아간다.

　서로 다른 사람들이 서로 다른 방향에서 모여 길이 만들어졌다. 가까스로 이루어진 만남의 길에서도 삶은 삶대로 죽음은 죽음대로 뻗어 있다. 세상에는 많은 길이 있고 길이 있기 때문에 오늘도 나는 어디론가 간다. 그렇지만 눈앞에서 자꾸 길은 사라지고 있다. 인연의 길이 있는지, 삶의 길이 있는지, 사랑의 길이 있는지 알 수가 없다. 애월의 길에서는 품넓은 팽나무가 사람들에게 넉넉한 그늘을 만들어주고, 등굽은 노모가 오늘도 길떠난 자식을 기다리고 있다. 이제 이런 길은 갈수록 사라지고 있다. 사람이 가지 않는 길은 가지 말자. 눈이 내려도 바람이 불어도 서로의 집이 되는 길이 되자. 저마다 흩어진 사연 모아 함께 이야기할 수 있는 달빛 드리워진 애월의 길을 걷자.

　애월 바다에서 달을 바라본다. 달은 마음속에 든 아픔과 슬픔을 모두 삼키고 저 혼자 붉다. 달빛이 비치는 물에는 많은 사람과 인생이 담겨있다. 저 달처럼 세상의 밖에서 표류하는 존재들, 나의 인생, 나의 꿈, 나의 영혼. 달처럼 이들은 결코 나의 손에 잡히지 않는다. 도시의 휘황찬란한 인공의 빛에 밀려 달빛은 갈수록 희미해져 간다. 달의 존재를 잊고 살아가는 무심한 사람들, 저마다 홀로 외롭고 쓸쓸한 사람들 뒤를 달은 지켜준다. 이제 달을 바라보며 소원을 빌고 달을 바라보며 슬픔을 달래는 사람도 없다. 달은 밝고 환하고 신성하다. 달빛은 한 번도 우리를 앞서 혼자 가지 않는다. 달은 태양의 뒤를 따라가고 내 뒤를 따라오며 그림자를 만든다. 밤마다 찾아와 밤이 외롭고 두려운 존재들을 안아준다. 길을 잃은 영혼에 등불이 되고 희망이 되어준다. 달빛과 함께 일렁이는 물, 시간의 파도 앞에 서 있는 나, 그리고 애월의 달과 우리는 하나가 된다.

 바다는 시린 듯 깊고, 파도는 흔들림이 쉼 없어서 그들을 바라보는 마음은 시름만 더해 간다. 모든 것을 다 잃어버리고 바닷가에서 쓰러져 우는 갈매기처럼 어느 밤에는 나도 울었다. 푸르스름하고 어둑한 이내가 밀려오는 저녁이면 노자의 '무지無知'의 가르침이 온몸으로 스며온다. 진정한 무지의 삶이란 인간이 무관심할 수 있는 상황에서 무관심할 수 있는 여유, 불필요한 지식에 오염되지 않은 영혼의 순결함, 인격의 소박함과 생활의 단순함이라고 했다. '무지 무욕'의 삶, 노자는 함부로 탐하지 말라고 했다. 출세도 명예도 음식도 함부로 탐하지 말고 무위無

爲로 살라고 한다. 그릇은 비어 있어야만 무엇을 담을 수가 있다. 행복을 탐욕스럽게 좇지 말며, 두려워하지 마라. 지나친 욕망보다 큰 참사는 없다. 탐욕보다 큰 재앙은 없다. "가장 완전한 것은 결핍된 듯 보인다. 그러나 그 쓰임은 끊어짐이 없다. 가장 충만한 것은 비어있는 듯 보인다. 하지만 그 쓰임은 다함이 없다."(노자) 이런 지극히 당연한 가르침을 수없이 들어왔지만, 인격이 그윽하지 못한 탓인지 아직도 그런 깨달음의 길에 이르기는 멀기만 하다.

바닷가 가을바람의 기세에 꺾인 풀들이 물에 흠뻑 젖은 채 시무룩하게 땅에 엎드려 있다. 풀들은 더욱 고독해지고 고요해지면서 온몸을 부르르 떤다. "부재에 익숙하다는 것, 부재를 괴로워하지 않은 것, 이야말로 가장 부끄러운 고통이며 가장 심한 타락이다."(마르셀 프루스트) 이 고통, 이 타락에 물들지 않기 위해서 나는 세상에 존재하는 진짜 생을 알고 싶다. 바다는 바다의 생을, 갈매기는 갈매기의 생을, 파도는 파도의 생을 가지고 있다. 모두 저마다의 생을 가지고 벅찬 화음으로 노래하며 일렁인다. 나는 나의 생에서 무엇을 가지고 있는가. 다른 세상의 경계를 넘나들면서 흔적만으로 남아있다. 흔적이 남은 자리에는 적막만 남았고, 그 흔적으로 남은 빛은 우울하다. 바다와 갈매기와 파도의 생에 대해 아무것도 모르지만 모두 아는 척한다. 이 세상과 인생을 아는 척한다. 갈매기들이 무리 지어 지나가며 무지한 나를 내려다보고 끼룩대며 울고 있다.

언젠가 네덜란드의 암스테르담에서 반 고흐의 작품 〈까마귀가 날고 있는 밀밭〉을 본 적이 있다. 고흐가 권총으로 자살하기 직전에 그린 작품이다. 죽음 직전의 극심했던 고독감과 깊은 슬픔이 화폭 가득히 담겨 있다. 들판 가운데로 끝없이 이어진 길 위를 날고있는 까마귀는 보는 이로 하여금 저절로 슬픔을 느끼게 한다. 그것은 그림이 아니라 절규의 소리였다. 들판 가운데로 끝없이 이어진 길 위로 쇄도하듯이 까마귀는 날아와 그들의 슬픔을 전해주고 있다. 막막한 바다 위로 밀려드는 파도 위 한무리 갈매기 떼처럼 그려진 까마귀 떼가 날아들어 온다. 〈까마귀가 나는 밀밭〉에는 인간에게 정복될 수 있는 자연도, 인간의 벗이 될 수 있는 자연도 존재하지 않는다. 인간은 인간일 뿐, 자연은 자연일 뿐이다. 고흐는 인간과 인간, 인간과 자연 사이에서 절망적인 부재의 모습을 본 것은 아닐까.

오랜만에 찾은 애월 곳곳에는 수많은 카페와 레스토랑이 즐비하다. 그런 모습을 보고 있으니 또 속이 끓어오른다. 세상의 모든 길을 사람들이 다 망쳐놓았다 이렇게 망가진 자연의 길은 영원히 회복이 불가하다. 애월 바닷가에는 어디선가 떠내려온 온갖 쓰레기가 넘실댄다. 인간이 버린 사치와 욕망의 찌꺼기들이다. 몇 년 동안이나 마스크로 얼굴을 가리고 다니며 고통의 시간을 보냈으면서도 사람들은 아무런 반성의 기미가 없다. 여전히 자신들이 하고 싶은 모든 것을 하면서 이기심과 욕망에 휩싸인 채 살아간다. 자연과 세상에 대한 인간의 탐닉과 폭력의 끝은 어디일까. 바다속을 들여다보고 있으면 그 속에서 살아가는 생명체들은 조화롭고 활기찬 생명의 법칙을 이루며 살아가고 있다.

모든 생명은 저마다 생의 법칙을 가지고 산다. 생성에서 소멸까지, 지상에서 영원으로 이어지는 이 인과의 법칙에서 누구도 예외일 수가 없다. 지금 내가 선 자리에 대한 올바른 인식은 영원 속으로 가버린 과거와 다가올 미래에 의해 이루어진다. 현재에 대한 깨달음을 얻기 위해 과거와 미래에 얽매이고, 생을 알기 위해 죽음을 생각해야 하는 이 아득한 순환과 윤회. 바다는 출렁이는 것이 제 할 일의 전부 인양 오늘도 밀물과 썰물이 되어 다가왔다 사라지기를 반복할 뿐이다.

파도처럼 어느 순간 밀려왔다 사라지는 인연, 인연은 탄생이고 결혼이고 죽음이다. 찬란하게 해가 뜨던 날 이웃집 누이는 곱게 단장하고 시집을 가고, 그 누이는 아이를 낳고 미역국을 먹고 아이를 기르기 시작한다. 그 사이 옆집에서는 평생 배를 타고 고기잡이하던 할아버지가 돌아가셨다. 그의 장례식날에도 옆집에서는 또 다른 아이가 태어나고, 어시장에서는 바다에서 잡아 온 고기를 판매하느라 떠들썩하다.

모든 만남과 헤어짐은 업보와 인연에 의해 이루어진다. 부처님은 깨달음에 이르고 난 뒤에 "세상 모든 일이 인연이 아닌 것으로 일어나는 일이 없다."고 했다. 이것을 불가에서는 '연기緣起'라고 하고 '업보業報'라고 부른다. 나와 관련된 모든 일은 업보, 카르마Karma로 비롯된 것이다. 전생에 쌓은 카르마의 무게에 따라 현세가 정해지며, 죽고 난 뒤에는 현세에서 쌓은 카르마가 더해져 내세의 인생이 정해진다. 이러한 카르마의 법칙은 그 사람이 현생에서 예정된 빚을 갚기까지 인생을 지배하게 된다. 그렇지만 이 세상에서 잘못된 인연으로 슬퍼하고 불행한 사람이 얼마나 많은가. 이 허망하면서도 끈질긴 인연의 윤회, 오,

카르마! 카르마!

　윤슬이 푸르게 반짝이는 조용한 바닷가에 앉아 나를 낳고 길러주신 어머니와 아버지의 모습을 생각해본다. 낳고 기른 자식의 모습도 떠오른다. 부모님이 나를 낳으시고, 나는 또 자식을 낳고, 모든 생명은 이렇게 반복되고 순환되고 있다. 전생이 되고 후생이 될 영원으로 이어지는 찬란하고 소중한 생명의 인연을 사람들은 스스로 버리고 있다. 사람들은 오직 눈앞의 풍요로운 물질과 편안한 육신의 안위만을 추구하면서 붉은 해가 푸른 바다 너머로 어떻게 떠오르고 가라앉는가를 생각하지 않는다. 바다는 너무 가깝지만 너무 멀리 있구나. 파도여, 너는 삶을 덮고 죽음을 덮고 또 무엇을 덮으려 하는가.

　애월의 풍경은 나의 언어가 되고 글이 된다. 나는 애월에만 오면 취한다. 마른 기침을 하면서 마신 소주에 취해서 바라보면 모든 풍경은 문장이 된다. 애월에서 하나의 풍경을 만나면 그 풍경과의 만남을 통하여 여태 허덕이며 살아온 나의 생을 함께 만난다. 애월에서 풍경과의 만남은 생의 일부가 된다. 만남이란 언제나 이렇게 새롭고 환희에 찬 것이지만 이별은 안타깝고 슬픈 것이다. 시인은 인생과 세상을 더 많이 사랑하고 더 많이 아파하는 사람이다. 사람들은 감정을 숨기고 아픔을 참지만, 시인은 고통을 참지 못한다. 시인은 고통의 최전선에 서 있는 사람이다. 그들은 누구보다도 인생과 세상을 사랑하고 분노하고 슬퍼한다. 세상의 아픔을 아픔이라 생각지 못하는 사람들로 가득하지만, 아픔을 슬퍼하며 눈물짓는 사람이 시인이다.

문학이란 깊은 절망과 비정한 현실 속에서, 한치도 나갈 수 없는 사막 속에서 한 걸음이라도 내딛는 낙타의 발걸음과 같은 것이다. 삶의 불가능을 언어로 표현하려고 애쓰며 허우적거리는 사람이 시인이다. 시인 네루다가 말했듯이 시란 고통의 비를 맞는 거와 같다. 글쓰기란 영혼의 고통과 슬픔을 토로해 내는 것이 아닌가. 나의 글쓰기에는 얼마나 깊은 영혼이 담겨 있는가. 마감 시간에 쫓기고 허덕이며 쓴 글 속에 얼마나 깊은 영혼이 담겨 있을까. 애월에 오면 어두워져 가는 일몰 속을 걸어가는 시인의 등 뒤로 저녁 풍경은 쓸쓸히 내린다. 그 풍경 속에서 낮은 괄호 속에 감기고 저녁은 정적을 따라 시인에게 다가온다. 좋은 시를 읽을 때면 내 마음이 얼마나 가난하고 삭막한가를 생각하면 한없이 부끄러워진다.

부지런한 바닷새들이 아침부터 온 바다를 아름다운 노래로 물들이고 있다. 새들은 천상의 존재들 같다. 저들에게도 삶의 슬픔이나 고통이 있을까. 아침 안개가 푸른 바다를 수채화같이 물들인다. 태양이 떠올라 안개의 껍질을 벗기고 온 세상이 투명해지면 바다의 슬픔과 고통도 사라진다. 사랑의 늪에 빠져 허우적대보지 못한 사람이 사랑을 알 수 없듯이, 이별의 상처를 들여다보지 못한 사람이 이별의 아픔을 알겠는가. 사랑 없이는 이별도, 이별 없이는 사랑도 완성될 수 없다. 이 세상에 상처 아닌 것이 없다. 생각할수록 살아가는 것이 상처다. 바닷새들이 이 지상과 작별을 하겠다는 듯이 하늘 저 멀리 날아오른다.

오늘도 하루가 간다. 피를 토하는 듯한 노을이 애월의 후경으로 남는다. 그사이 많은 사람이 다녀간 흔적을 씻어내며 언젠가 나도 바닷새처럼 사라져 갈 날을 생각해본다. 내 육체와 영혼이 떠나가고 애월도 한 조각 지상의 풍경으로 남을 것이다. 그렇지만 애월에는 내일이면 또 다른 달이 나타나 세상을 비출 것이고 사람들은 물가에 앉아 맨살을 부비며 세상살이를 이야기할 것이다.

그동안 사랑하는 법도 이별하는 법도 알지 못한 채 나는 그저 애월에서 서성거리기만 했다. 모든 것이 자꾸 멀어지고 사라져간다. 누군가의 사연을 전해주던 우체국도, 어둠속에서 사람들을 지켜주던 팽나무도, 먼길 가야하는 슬픈 철새도 모두 떠나간다. 그들은 다시 돌아오지 않으리. 이제 다시는 그들을 만나지 못하리. 애월은 아무 것도 추억하지 않는다.

  애월, 그 후로 나는 그곳에 가지 못했다.

사라지는 것들을 위한 애도

　주변에서 사라져가는 것들이 너무나 많다. 사라지는 시간, 사라지는 생명, 사라지는 물건들이 가뭇없이 우리 곁에서 자꾸 없어져 간다. 결코 사라지지 않을 것 같던 젊음의 시간도 흘러가고, 영원히 함께 할 것 같던 사람들도 떠나가고, 오랜 세월 동안 손때 묻은 물건들도 그 자리를 떠나 어디론가 사라진다. 이 모든 것과 헤어지면서 소중한 것일수록 저승에 가서라도 다시 만나게 되기를 소망한다.

　시간은 모든 것을 앗아간다. 만남의 시간을 다하고 사라져 가는 생명과 존재, 한 시절을 다 하고 시들어가는 꽃과 나무, 모든 소멸하는 생명과 사물은 시간의 흐름 속에 속수무책으로 무화無化된다. 사라지는 것이 단순히 헤어지는 것이 아니라 다시는 만나지 못할 작별이라는 생각이 들고, 이 헤어짐이 지상에서의 마지막이라는 생각이 드는 것은 슬픈 일이다. 지금 이 순간 사라지는 것들, 흘러가는 시간, 이별하는 사람, 버려지는 물건들은 모두 한때나마 이 지상에서 찬란하게 존재했던 것들이다.

  희망과 함께 새롭게 걸어놓은 달력도 머잖아 한 장만 남아 떨어질 것이고, 한때 세상에서 그 누구보다 소중하던 생명도 지금 어느 병상에서 숨을 거두어 가고, 배달된 조간신문에 실린 떠들썩한 이야기들도 이 밤이 다 가기 전에 조용해질 것이다. 모든 존재와 사물은 저마다 소중한 것이지만 결국 그 생명을 다하고 만다. 사라져 가는 생명과 사물은 순식간에 존재에서 부재가 되어버린다.

  인간에게서든 역사에서든 존재와 부재는 동전의 양면처럼 한 쌍을 이루면서 함께 한다. 우리의 삶은 존재와 부재의 공존을 체험하면서 비로소 완성된다. 삶은 자기 의식적 자유와 그에 대한 현실적인 경험으로서 외적 세계를 진화하는 과정이다. 자의로든 타의로든 현실에 대한 회의주의적 태도는 모든 현실적인 것 자체와 그 가치를 부정하여 새로운 단계에 이르고 새로운 것을 얻고자 함이다. 그리하여 존재는 부재를 체험하고 부재는 존재를 체험한다.

실로 우리는 존재와 부재의 경계를 넘나들며 살아간다. 그러나 현대와 같은 기술과 자본의 홍수 속에서 많은 사람은 존재의 삶만 확인하고 중요하게 여긴다. 스마트 기술이 발전하고 SNS 열풍이 불면서 눈앞에서 일어나는 현상적 삶만이 전부인 듯 받아들인다. 갈수록 삶의 본질에 대한 인식이나 사람과 사람 사이의 감정이나 인간다운 정신은 사라져 가고 있다. 물론 인간다운 삶을 위해서 존재와 현상에 대한 이해는 핵심적인 내용일 수 있다. 그러나 존재와 현상에 대한 관심 못지않게 중요한 것은 현상 뒤에 감추어진 본질과 진실에 대한 인식이다. 현상 너머에 존재하는 본질은 현상에 대한 관심과 짝을 이룬다. 현상의 나타남과 사라짐은 그 이면에 자리하고 있는 본질에 대한 인식과 함께 이루어질 때 진정한 모습을 갖추게 된다. 진정한 삶의 인식은 현상과 본질, 존재와 부재에 대한 사유를 올바르게 시작하는 단계에서 출발한다고 할 수 있다.

그렇다면 우리는 왜 현상만 중요하게 여기고 본질은 가볍게 생각하는가. 존재만 있고 부재는 없으며, 현세만 있고 내세는 없는 것인가. 어찌 현상과 존재와 물질은 이렇게 무겁고, 본질과 부재와 정신은 가벼운 것인가. 그리하여 삶은 부질없고 헛된 권력과 명예와 돈을 위해서 이렇게 경박하게 부유하는 것인가.

언젠가 빈곤한 영혼을 조금이나마 달래기 위해 티베트 산야를 오랜 시간 떠돌아다닌 적이 있다. 미명의 새벽잠을 떨치고 라싸의 조강사원에서 서성대다가 티베트 각지에서 모여든 순례자들을 만나게 되었다. 그들은 생사를 넘나드는 고행 속에서 오체투지를 하며 차마고도를 건너 그곳에 당도한 사람들이었다. 나는 그들에게 물었다.

"당신들은 어찌 이 같은 고행을 하십니까. 무엇을 위해 온몸을 던지며 기도 하십니까?"

질문에 대한 그들의 주저 없는 대답은 너무나 놀라웠다.

"저 하늘을 위해서, 저 하늘을 나는 새들을 위해서."

문명의 정점에서 날아온 나는 헐벗고 찌든 그들 앞에 머리를 숙였다.

그랬다. 어찌 우리는 눈앞의 현상과 존재만 바라보면서 본질과 부재는 보지 못하는가. 현상과 물질만 좇는 것은 문명이고, 본질과 부재를 찾기 위해 고투하는 것은 야만인가.

지금 우리 시대의 많은 고통은 인간다운 정신의 상실로 인해 생겨나는 것이라고 이야기된다. 사람들은 눈앞의 현실과 물질만을 생각하고, 그 이면에 숨겨진 관념과 정신은 생각지 않는다. 그리하여 이 세상과 인간과 사물들의 모습은 고통스럽다. 우리는 현상 뒤에 숨어있는 진실을, 사라지고 소멸하여 가는 것들에 대한 고통을 어떻게 받아들여야 할 것인지를 알지 못한다. 이 세상의 모든 타자에 대한 인식을 제대로 이루고자 할 때, 무엇보다 중요한 것은 사라지고 소멸되어가는 것들에 대한 연민과 공감의 감정이라 할 것이다.

 우리는 '타인의 고통'에 무심하거나 외면하는 시대를 살아가고 있다. 현대 사회에서는 곳곳에 폭력과 잔혹함의 이미지들이 넘쳐난다. 과학기술의 발달은 사람들이 텔레비전, 컴퓨터, 스마트폰의 작은 화면 앞에 붙박인 채로 전 세계에서 벌어지는 재앙의 이미지를 속속들이 볼 수 있게 해준다. 그렇지만 이런 현상이 곧 '타인의 고통'을 나의 것으로 이해하면서 소멸하고 사라져가는 것들에 대한 아픔을 이해하는 능력이 향상되었음을 말해 주는 것은 아니다. 이미지 과잉의 사회에서는 사람들이 타인의 고통을 하나의 스펙터클로 소비해 버리고 만다. 더 나아가 타인의 고통을 '하룻밤의 흥미로운 유흥거리'로 만들어 버린다. 사람들은 타인이 겪었던 고통을 나의 것으로 경험해 보거나 진지하게 생각해보지 않고, 그것을 강 건너의 등불같이 바라볼 뿐이다.

그렇다면 우리가 할 수 있는 것은 무엇인가. 중요한 것은 우리가 무엇보다 먼저 이 세계를 거짓된 이미지를 통해서가 아니라 본질과 진실을 바라보고자 하는 태도를 갖는 것이라 할 수 있다. 이 세계를 변화시키기 위해서는 세계를 재현하는 이미지의 방식을 문제시하고 그 사물에 담긴 본질을 이해하고자 하는 태도가 무엇보다 필요하다. 우리가 이미지를 통해서 본 재현된 현실과 실제 현실을 투명하게 바라보고자 하는 태도가 필요한 것이다. 지금 우리의 삶은 바라보는 실제의 현실과 본질의 현실 사이에 참담하고 커다란 거리가 존재하고 있다. 그러한 거리를 제대로 바라볼 수 있을 때, 이 세상과 타인의 고통에 대한 연민의 감정은 올바르게 생겨날 수 있다. 연민은 변하기 쉬운 감정이고, 쉽게 행동으로 이어지지 않는 감정이어서 금세 시들해지는 법이지만, 이러한 감정으로 서로 교감하고 소통하지 않는다면 이 세상에 진정한 '우리'란 존재하기 힘들다. 인간과 인간 사이, 인간과 세상 사이에서 진정한 공감을 이룬다는 것은 그래서 어렵다.

고정희 시인은 "모든 사라지는 것들은 뒤에 여백을 남긴다"고

했다. 시인의 말대로 사라지는 것이 완전히 없어지거나 소멸하는 것은 아니다. 아무리 사라지는 것들이라 할지라도 뒤에 여백을 남기고 그리움을 남긴다. 이미 사라졌거나 언젠가 사라지고 말 것들에 대한 그리움은 우리의 가슴을 따뜻하게 한다. 사라지는 것에는 그리움이란 아름다운 기억이 남는다. 그래서 우리는 지금 이 순간과 소중한 사람들이 떠나간다는 것, 잊힌다는 것이 두려운 것이다. 우리에게 매 순간이 결정적이고 중요한 이유는 바로 그 순간이 한번 사라지면 다시 살려낼 수 없는 시간 속으로 없어진다는 것이다. 결국 이 세상에서 영원히 존재하는 것이란 없으며, 모든 것은 우리의 생에서 짧은 순간 다가왔다가 흔적 없이 사라진다. 우리는 오늘도 잠시 후면 사라지게 될 것들을 마주 보며 살아간다. 그것들은 한번 사라지면 다시 회귀할 수 없는 것이며 영원히 소멸하는 것이다. 그럼에도 불구하고, 잠시 그 현존을 드러냈다가 사라지는 가벼운 것들 속에서 우리는 영원한 시간의 의미와 깊은 삶의 진실을 얻어내어야 한다. 우리는 아름답게 피어나는 꽃을 사랑해야 하지만, 진정으로 꽃과 나무를 사랑하려면 그 생성과 소멸, 그리고 존재와 부재까지 사랑해야 할 것이다.

잠시 그리고 영원

 온 세상을 연두로 물들이던 봄의 시간은 잠시, 그들은 다시 초록이라는 영원의 시간으로 경계를 넘어갔다. 세상에 영원한 것은 아무것도 없다. 우리 생애에서 가장 고귀한 순간이나 충만한 시간이란 자아와 타자에 의해 혹은 머물렀던 과거 현재 미래가 완전히 융합되어 새로운 상태로 나타난다. 그래서인지 사람들은 잠시 스쳐 지나가는 시간과 지금 서 있는 이 순간에 가장 소중한 가치를 부여한다.
 우리는 긴 일생을 살아가지만 기실 모든 것은 '잠시' 동안의 시간에 이루어진다. 연두의 시간이 초록으로 몸 바꾸어가는 것도, 어제까지 멀쩡하던 사람이 오늘 갑자기 죽음의 소식을 전해오는 것도 모두 잠시 동안이다. 과거와 미래 사이에 있는 지금의 '잠시'라는 지극히 짧은 시간은 '순간'에 의해 이루어진다.

서양에서 눈의 깜박임에서 유래하는 '순간Augenblick'이란 말은 과거와 미래 사이에 있는 '지금'이라는 지극히 짧은 시간을 규정하는 말로 사용되었다. 철학자 키르케고르는 『불안의 개념』에서, 순간을 일체의 과거적인 것과 미래적인 것을 갖지 않는 현재적인 것 자체로 파악하였다. 일반적으로 순간은 단순한 시간을 나타내는 말일뿐만 아니라, 영원한 현재를 의미한다.

동양에서도 순간은 '찰나刹那'와 같은 개념으로 시간의 최소단위를 나타내는 말이었다. 인생은 찰나같이 짧은 시간이다. 찰나는 아주 짧고 빠른 시간을 비유할 때 사용되는 말이다. '찰나'는 산스크리트어의 '크샤나'를 음역한 아주 짧은 시간이란 뜻에서 나온 말이다. 아주 짧은 시간이라면 어느 정도의 시간을 말하는 것일까? 불교식으로 계산하면 찰나는 1/75초가 된다. 불교 철학에서 찰나는 물질적·정신적 현상의 생멸生滅을 설명하며, 찰나 같은 인생을 영원한 인생으로 바꾸고자 노력하는데 불교의 정신이 담겨 있다.

우리는 살아가면서 매 순간 질문을 한다. '나는 지금 이 순간을 제대로 살아가고 있는가?' 그러나 이에 대한 대답은 거의 회의적이다. 인생에서 '지금 이 순간'은 항상 갈등과 후회와 절망의 연속이다. 우리에게 주어진 시간은 지금의 잠시 동안이다. '잠시'는 너무 빨리 속절없이 지나간다. 우리는 잘못 보낸 잠시 동안을 아쉬워하고 후회한다. 그러면서 지금보다 나은 시간으로서의 미래를 생각해본다.

니체의 '영원회귀永遠回歸, Ewige Wieder-Kunft'에 의하면, 생生은 원의 형상을 띠면서 영원히 반복되는 것이고, 피안의 생활에 이르는 것도, 환생하여 다음 세상에서 새로운 생활로 들어가는 것도 모두 부정하고, 항상 동일한 것이 되풀이된다는 사상이다. 여기에서 니체는 현실의 삶의 고뇌와 기쁨을 그대로 받아들이고 그 순간을 충실하게 생활하는 데에 생의 자유와 구원이 있다고 주장하였다. 니체는 삶에서 '힘에의 의지'를 강조한다. '힘에의 의지'는 매 순간 자신의 힘의 극대에 도달하고, 그 도달된 힘의 극대 상태에서 더 많은 힘을 원하는 자신의 본성으로 되돌아온다. 힘의 본성에 의거한 힘의 극대 상태로의 추구와 도달은 매번 다시 이루어지고, 다시 자신의 '더 많은 힘을 원하는' 본성으로 되돌아온다. 결국 힘에의 의지는 '매 순간' 삶에서 더 강해지려고 하고 더 많은 힘을 얻고자 하며 마침내 힘의 정점을 경험하게 되는 영원의 상태가 구현된다.

　나는 모든 경박한 것이 싫다. 나는 무거움과 성숙을 동경한다. 성숙한 과일의 무거운 황금빛을 보면 그것에 담긴 오랜 시간과 진지한 삶의 무게가 느껴진다. 지나치게 사소하고 가볍고 평범하고 눈앞의 순간만 생각하는 목적 없는 삶이 싫다. 매 순간 생각이 깊고 눈이 날카롭게 직관으로 인생과 영원한 삶을 꿰뚫어 보는 눈을 가진 사람을 사랑한다. 움직이지 않는 것, 정지한 것은 퇴폐에 가까운 것이다. 저열한 행동과 말으로만 살고자 하는 사람을 나는 증오한다. 말을 앞세우며 지껄이기 좋아하고, 천박하고 실속이 없는 사람, 굴욕과 치욕을 느끼지 못하는 사람이 싫다. 우리는 비록 그것이 실현되지 않더라도 매 순간 영원의 시간이 담긴 별에까지 닿기 위해 노력하지 않으면 안 된다.

　영원이란 시간이나 무상無常의 상대적 의미를 지니게 되며, 시간과 더불어 변하지 않는 사물의 양상을 보여준다. 그리하여 우리는 '영원한 진리', '영원한 생명'과 같은 말을 사용한다. 또한 우리는 영원을 두고 사랑을 고백할 때 "당신을 영원히 사랑한다."고 말하는 것인지 모른다. 영원한 것은 시간 속에서 자신을 한없이 유지해 나가는 것이며, 그런 의미에서 영원은 항상성恒常性을 뜻한다. 특히 종교적 입장에서 '영혼 불멸'이란 의미는 바로 초시간적 실재를 전제하는 것이 된다. 불멸하며 영원히 존재하는 진리를 얻고자 하는 것이 종교의 진정한 의미이기 때문이다.

이런 의미에서 생각한다면 '영원'이란 개인과 집단에게 있어서 영속적인 존재와 삶의 의미를 보여주는 시간의 측면에서 이해될 수 있다. 우리가 죽음을 통하여 삶의 순간성과 영속성을 이해하고자 하는 것이나, 인간 사고의 실천적 축적인 역사와 문명이란 것도 시간의 영원성이라는 관점에서 해석될 수 있다. 잠시의 순간과 영원에의 길, 이런 명제는 많은 철학자와 시인들의 미해결의 과제이다. 이기철 시인은 「영원 아래에서 잠시」에서 '잠시'와 '영원'을 이렇게 노래한다.

> 모든 명사들은 헛되다
> 제 이름을 불러도 시간은 뒤돌아보지 않는다
> 금세기의 막내딸인 오늘이여
> 네가 선 자리는 유구와 무한 사이의 어디쯤인가

> 아무리 말을 걸어도 영원은 대답하지 않는다
> 어제는 늙고 내일은 소년인가
> 오늘의 낮과 밤은 어디서 헤어지는가
> 이파리들이 꾸는 꿈은 새파랗고
> 영원은 제 명찰을 달고 순간이 쌓아 놓은 계단을 건너간다
> 나날은 누구의 방문도 거절하지 않는다
>
> — 이기철, 「영원 아래서 잠시」 일부

　인생에서 울기는 쉽고 눈물을 흘리는 것은 달아나는 시간처럼 쉽다. 사라져가는 시간은 해독할 수 없는 인생만큼 허망하다. 현재는 잠시로서 충분했고 영원은 결코 돌아오지 않을 것이지만 그 또한 아름다웠다. 낮과 밤은 어디서 헤어질 것이며, 어제의 시간은 늙어가고 내일은 영원한 소년으로 남아 있는 것인가.

새들과의 작별

 공항이 텅 비었다. 보통 때 같으면 제주로 가는 항공편은 사람으로 붐벼야 할 시간이지만 한가하기 그지없다. 공항으로 가는 지하철에서도 마찬가지였다. 드문드문 앉은 사람들은 마스크를 쓴 채로 긴장된 표정이 역력하다. 그들에게서는 일상의 고달프고 힘든 표정도 모두 사라져버렸다. 어디선가 기침 소리가 들린다. 갑자기 격렬한 전류가 일어난 듯 놀란 표정의 시선들이 한곳으로 모인다.
 중국 우한이라는 도시는 완전히 봉쇄되었다. 미국 CNN 방송 뉴스에서는 백인 한 명이 생필품을 사기 위해 어둠 속을 달려가는 장면이 나온다. 텅 빈 거리와 썰렁한 공항, 사람들이 가득한 임시 진료소, 공포에 질려 우왕좌왕하는 시민들, 뉴스 카메라는 이들을 따라 급박하게 움직인다. 이제 곧 거리에는 쓰레기가 쌓이고 버려진 강아지와 고양이만 돌아다닐 것이다. 그 많던 사람들은 모두 어디로 사라진 것일까.

　제주에서도 두 번째 확진자가 나타났다는 뉴스가 나온다. 나와 거의 같은 시간대에 대구에서 비행기를 타고 온 군인이다. 사람들은 코로나바이러스가 가져올 극단적 상황과 비극적 예언을 마구 쏟아낸다. 지구의 종말이라도 다가온 듯 떠드는 소리를 한 귀로 흘려들으며 제주공항을 빠져나왔다. 그때까지만 해도 나는 이 질병에 대해 거의 심각성을 느끼지 못하고 있었다.

　며칠이 지나자 갑자기 목이 붓고 아프기 시작했다. 목에 무엇인가 걸린 듯 이물감이 있고 침을 삼키기 힘들다. 평소에도 몸 상태가 좋지 않으면 목부터 아파져 왔지만, 이번에는 더욱 심하다. 코로나바이러스에 감염된 것이 아닐까. 조바심이 나고 인터넷에서 본 왕관같이 생긴 바이러스의 이미지가 자꾸 눈앞에 어른거렸다.

　맞다. 그동안 인간이 이 세상과 자연과 생물에 저지른 죄악을 생각하면, 이제 그 죗값을 치를 때도 되었다. 고통에 시달리던 인간들도 참회의 눈물을 흘리다가 결국 어딘가에서 죽어갈 것이다. 미세먼지와 황사, 바이러스가 큰 재앙이 되어 이제 인간의 생명을 모조리 앗아갈 때가 되었는가 보다. 요란한 사이렌 소리가 어디서 들려온다. 어느 병상에서 누군가가 싸늘한 시체가 되어 죽어가는구나. 밤잠은 오지 않고 목은 더 심하게 아파 온다.

검은 강이 흐르고 그 위로 노을이 지고 있다. 저승에 뜬 달처럼 어두운 달빛이 강둑에 앉은 새들을 비춘다. 이대로는 안 된다. 이대로는 안 된다. 새들은 하나둘 강물에 몸을 던지고 있었다. 검은 강물에는 하얀 새 떼의 시신들이 넘실대고 있다. 자신의 둥지를 버리고 강물에 몸을 던지는 새들의 심정은 어떠할까. 새들에게 조금만 더 견뎌달라고 당부했지만 그들은 대답이 없다. 나는 저 무량한 존재의 소멸을 그저 애도할 따름이었다. 식은땀이 흐르고 오한에 몸이 떨렸다. 아침은 오지 않고 어둠의 밤은 계속되었다.

오래전에 읽었던 카뮈의 소설 『페스트』를 책장에서 찾아내 읽는다. 질병의 공포와 죽음, 극한 상황에 처한 인간의 운명은 어디서나 처참하다. 조용하고 평화로운 해안 도시 오랑에 갑작스레 쥐 떼들이 거리로 나와 죽어간다. 사람들은 공포에 질려 떨고 정부는 페스트를 선포하여 도시는 엄격하게 격리된다. 피할 수 없는 죽음 앞에서 여태 사람들을 하나로 묶었던 질서니 공동체니 하던 고리는 순식간에 다 부서져 버리고 만다.

재앙이란 모두가 겪는 것이지만, 그것이 정작 나의 머리 위에 떨어질 것이라고는 생각지 않는다. 그동안 이 세상에는 수많은 전쟁과 질병이 이어져 왔다. 전쟁에서 그렇듯 질병 앞에서도 사람들은 속수무책이다. 그저 '이 또한 지나가리라.'고 말할 뿐이다. 전쟁은 인간의 불화가 저지르는 가장 어리석은 짓이지만, 질병도 인간의 힘으로 어쩔 수 없는 일이라고 쉽게 포기한다. 인간의 어리석음은 그렇게 반복된다. 재앙에 당면해도 사람들은 불안과 믿음 사이에서 불가항력적으로 엉거주춤하게 서 있을 뿐이다. 나의 두려움도 그렇게 시작되고 있었다.

이틀을 참다가 마침내 병원을 찾았다. 한산한 거리와 달리 병원 내부는 사람들로 북적였다. 로비에는 열 감지 카메라와 손 소독제가 놓여 있다. 체온계를 들고 간호사가 열을 점검하는 동안 줄을 선 사람들은 모두 마스크를 쓴 채 벌벌 떨고 있다. 곧 있을 진단에 대한 불안과 아무 일 없을 거라는 막연한 믿음 사이에서 감정의 소용돌이가 파도처럼 일어났다. 나는 기죽은 복날 강아지같이 사람들 사이에서 웅크리고 서 있었다.

살아야 한다는 것, 살아있다는 것을 확인하는 것은 이렇게 힘든 일이구나. 삶은 살아있을 동안에만 소중하고 고귀한 것이지 죽어 소멸하는 순간, 사랑도 행복도 추억도 아무런 의미가 없는 것이다. 아무리 그렇더라도 인간으로서 최소한의 존엄과 삶의 의미가 송두리째 상실되어가는 현장에 서 있다는 사실은 괴로운 일이었다. 죽음이 불가역적이고 불수의적인 현상이라지만, 죽음은 삶의 모든 것을 너무 허망하게 무너뜨린다.

  삶과 죽음은 따로 있지 않았다. 나의 존재는 오직 생명에 대한 확인을 통해서만 의미 있는 것이고, 아무리 한 줌도 안 될 존엄이지만 나의 개별성이 좌초되면 모든 것이 무화되는가. 그동안 바삐 살아오느라 삶에서 무엇이 소중하고 고귀한 것인가를 바라보고 생각할 여유가 없었다. 이제야 비로소 삶에서 누락해 버린 가치들, 사랑 절제 생명 같은 것을 너무 외면하며 살아온 것이 아니었던가 하는 회한이 나를 들볶았다. 참으로 고귀하고 존엄하다는 인간의 생명은 부질없는 것이라는 생각이 자꾸 들었다.

  병원으로 오기 전의 시간이 갑자기 아득한 먼 옛날같이 느껴진다. 일상의 한순간 한순간이 얼마나 소중한 것들인지 새삼스

럽기만 하다. 아침에 무사히 일어나 기지개를 켜며 하루를 시작하고, 세끼의 밥을 먹고, 시간에 쫓기며 원고를 어딘가로 보내야 하는 이 지긋지긋한 일상은 얼마나 경건하고 고귀한 것인가. 세상이 잠든 익명의 밤을 지새우며 어느 철학자의 책을 읽고 베토벤의 〈운명〉을 듣던 시간, 산책길에 피어난 저 꽃은 왜 피고 지며 어두운 밤하늘에 가득한 저 수많은 별은 왜 소중한 것인가를 묻던 시간, 꽃과 별들은 헐벗고 영세한 내 육체와 영혼보다도 더 아름답다고 생각하던 시간은 모두 어디로 가버렸나.

안온하고 평화롭던 일상의 경계를 넘어 문 하나를 통과하자마자 이런 끔찍한 세상이 펼쳐지고 있다. 경계를 넘는 일은 언제나 무섭고 두려운 일이지만, 사람들은 그것을 쉽고 가볍게 생각한다. 빛과 어둠, 삶과 죽음, 만남과 이별의 아득한 경계, 그 사이를 우리는 너무 경박하게 넘나든다. 죽음이 있기 때문에 삶이 더욱 소중하고, 어둠이 있기 때문에 빛은 더욱 찬란할 수 있다는 것을 망각한 채 그저 앞만 보고 열심히 살아간다.

마스크를 하고 있지만, 누군가의 입을 떠난 병균이 내 입속으로 들어오고 있다는 두려움이 엄습한다. 병원 안에는 '공포'라는 또 다른 바이러스가 공기 중에 떠다니고 있었다. 눈치를 살피다가 누군가가 가까이 오면 몸을 움츠린다. 서로를 믿지 못하고 서로에게 다가가지 못하는 이것은 분명히 저주받은 역질疫疾의 풍경이다. 한 시간여 동안 기다린 후에 만난 의사는 이것 저것 꼼꼼하게 묻더니 아직 특별한 증상이 없으니 며칠 후에 다시 오라고 한다. 지독한 소독약 냄새에 찌든 의사의 모습을 바라보며 말할 수 없는 연민의 마음이 들었다.

저녁에 시인인 친구에게서 안부 전화가 왔다. 낮 동안 병원에 있었던 상황을 이야기하면서 물었다.

"우리에게 희망이 있는 것일까?" 그는 대답했다.

"희망? 세상에 대한 애착이 있다면 희망이 생기겠지."

명쾌한 답이다. 그렇지만 그 명쾌한 답이 더 이해하기 어렵다. 지구에는 계속 재앙이 다가오고 있는데, 맹목적으로 세상에 애착과 희망을 품어야 하는가. 머지않아 지구가 멸망할 거라는 이야기는 어제오늘 생긴 것이 아니다. 세상 곳곳에서 자연재해와 전쟁과 질병이 갈수록 확산하고 있는 것을 보면 이런 이야기가 언젠가 실현되기는 할 모양이다. 만물의 영장 운운하는 인간과 그 존엄이 참으로 아무것도 아닌 하찮은 바이러스에 의해 송두리째 흔들리는 인류, 무너지는 공동체, 이 지구는 이렇게 붕괴하고 말 것인가.

 신이 오만한 인간에게 서로의 언어를 다르게 하는 바벨탑의 저주를 내린 거와 같이, 정신과 영혼을 도외시하고 갈수록 지나친 물질적 육체적 탐욕에만 빠져드는 인간에게 '코로나바이러스'라는 통렬한 경고를 한 것이 아닌가. 이런 상황이 계속된다면 사람들은 질병의 공포에 떨며 계속해서 마스크를 쓰고 다녀야 할 것이라는 끔찍한 생각이 든다.

 집으로 돌아가기 위해 인적 드문 적막한 거리를 걷는다. "페스트균은 결코 소멸하지 않는다. 언젠가는 인간들에게 불행과 교훈을 가져다주기 위해 또다시 저 쥐들을 흔들어 깨울 것이다."라는 『페스트』의 대목이 자꾸 떠오른다.

 어두운 하늘에서 새들이 우는 소리가 들린다. 이제 새들도 모두 떠날 준비를 하는가 보다. 아, 새들은 혼자 힘으로 먼 길을 가지만, 인간은 혼자 힘으로 몇 걸음도 못 간다. 나는 그저 주저앉아 이 세상의 슬픔을 슬퍼할 뿐이지만, 새들은 슬퍼하면서도 원양을 날아간다. 새들은 하늘로 갈 수 있지만, 인간은 어디로 갈 것인가. 새들이 떠난 세상은 더욱더 어둡고 적막할 것이다.

 먹구름이 밀려오는 하늘로 새들이 날아오른다. 나는 마스크

를 벗어 던지고 새들이 날아가는 쪽으로 달려갔다. 그리고 절규하듯 소리쳤다. '새들이여, 안녕!'

나무에 대한 속죄

　인터넷을 뒤적이다가 충격적인 외국기사를 보게 되었다. 코로나19의 혼란 속에 아마존 지역에서 '삼림 벌채'가 엄청나게 증가하게 되었으며, 그로 인해 아마존 정글 깊은 곳에서 문명을 피해 살아가던 야생 부족들에게까지 코로나가 감염되었다는 것이다. 브라질은 전 세계에서 코로나19 환자가 가장 많은 지역 중 한 곳으로 꼽히지만, 이제는 아마존 숲 깊은 곳에서마저 위기를 맞게 되었다.
　"코로나19 틈탄 '삼림 벌채' 대폭 증가, '아마존의 위기'"라는 제목 아래 기사는 아마존의 위기 상황을 상세하게 기술하고 있다. 기사에 따르면, 아마존은 올해 777㎢의 숲을 잃었다. 작년보다 55%나 증가한 수치다. 이런 상황에 브라질 정부는 코로나

19와 함께 환경 보호 노력을 강화하겠다고 발표했지만, 구호에 그치고 있어서 환경보호단체의 반발을 사고 있다. 아마존에 대한 무차별한 벌채가 계속된다면 열대우림이 훼손될 시간이 급속하게 다가오게 되고 그로 인해 산림 파괴와 원주민 삶의 환경 파손은 불을 보듯 뻔하다. 이에 그치지 않고 지구의 허파라는 아마존의 파괴는 전 세계의 환경 위기에 기름을 붓는 역할을 할 것으로 우려된다.

코로나 19가 아직 끝나지도 않았는데, 벌써 '포스트 코로나' 운운하는 기사와 글들이 나돌고 있다. 그러나 포스트 코로나 어쩌고 하는 이야기는 그 원인에 대한 올바른 분석과 진정한 반성도 없이 빨리 이 상황을 끝내고 또 다른 질주를 하고 싶은 인간의 욕망을 고스란히 드러내고 있는 것이다. 지구를 전대미문의 죽음의 현장으로 만들어 버리고 장례식도 없이 수많은 사람을 죽음으로 이끈 원인이 무엇인가에 대한 반성은 전혀 없다. 인간과 자연에 대한 공생적 삶을 영위하기 위한 걱정보다는 오직 인간만이 앞으로 더욱 잘 살아가겠다는 이기심의 발동이 앞서가고 있는 것이다.

대체 인간의 탐욕과 이기심의 끝은 어디일까. 어찌 인간은 눈앞의 자기 삶에만 빠져 타자의 아픔과 불행은 안중에도 없는 것인가. 코로나 19의 원인은 궁극적으로 인간이 자연과 동물에 대한 착취와 이기심에 의한 것이 아닌가. 참으로 인간은 후안무치한 존재이다. 나만 잘살고 잘 먹고 잘 지내면 그것이 사람이든 동물이든 나무든 아무런 상관이 없다. 아무리 생각해도, 인간들은 지금 삶에서 진정으로 중요한 것이 무엇인지를 성찰하면서 자신들이 몽매의 세계를 벗어나야 한다는 생각을 못 하고 있다. 눈앞의 작은 이익과 피상적인 것들에 연연해 진실로 이 세상과 인간의 행복과 진리를 못 보고 있는 듯하다. 짧고 덧없는 자신들의 삶을 살만한 것으로 만들기 위해 고립된 자신을 벗어나 타자를 위해서 공감하고 온기를 발견하는 능력을 상실하고 있다. 진정으로 인간이 해야 할 일이 무엇이며, 어떻게 살아가야 할 것인가를 망각한 채 살아간다. 그야말로 지금 삶과 세계에 종말이 다가오고 있으며, 조만간 삶의 터전을 송두리째 잃어버릴 것이라는 사실을 생각지 못하고 있다.

자본과 기술의 지배가 강화되고 온갖 자연재해와 질병이 창궐하는 이 묵시록적 삶의 상황 속에서 우리에게는 희망이 없어져 간다. 이런 상황에서 우리가 찾아낼 수 있는 희망은 무엇일까. 어떠한 과학적 철학적 논리와 문학적 상상력을 동원해도, 여전히 기댈 수 있는 것은 '인간'에 대한 애정과 신뢰뿐이 아닐까 싶다. 저 땅 위에 서서 푸르고 굳건하게 뻗어가고 있는 '나무'처럼, 메마른 땅을 외롭게 지키고 있는 생명에게 깊은 연민과 사랑을 보낼 수밖에 없다.

  숲길을 걷다가 무슨 사연인지 쇠 노끈에 칭칭 묶인 나무를 바라보면서 한 생명의 위기를 본다. 나무는 생명을 이루기 위해 햇빛을 받고 바람을 맞으며 서 있다. 나무가 수맥을 끌어 올려 가지의 부피를 넓히고 있듯이, 노끈에 묶인 나무를 보면 나의 몸이 옥죄여 오는 것을 느낀다. 나무의 삶은 곧 인간의 삶이다. 나무가 바람에 흔들릴 때마다 인간도 흔들리고, 나무의 나이테가 그들이 살아온 세월을 알려주듯이 우리 얼굴의 주름도 삶의 연륜을 알려준다. 그리하여 한 생명이 싹으로 태어나서 햇살과 대기 속에서 무성해지다가 마침내 싸늘한 찬바람 속에 앙상한 가지로 남는 모습을 바라본다. 나무는 생명 없이 그냥 우리 주변에 서 있는 듯하지만, 조금씩 보이지 않게 키가 자라고 잎을 틔워 때가 되면 스스로 물들기까지 하는 나무는 생명 그 자체이다. 그러면서도 침묵하고 서 있는 나무만큼 자기 할 일을 알아서 하면서 살아가는 생명도 드물다. 이 세상에 생명을 지닌 것이 인간뿐인가. 나무도 살아있고, 길가의 돌멩이도 하나의 생명이다. 그런 마음으로 바라보면 이 세상 귀하지 않은 것이 없다. 그렇지만 인간은 자신의 생명만 귀중한 것으로 생각한다. 유기견의 개와 고양이의 목에는 여지없이 그들의 목을 옭아매고 있는 목줄이 감겨있다. 그들의 목에는 버려질 때까지 감아놓은 목줄이 그대로 묶여있다.

목줄이 묶인 것은 바로 인간의 모습이며 세상의 모습이다. 목줄이 묶인 인간의 모습은 억압되고 마비된 삶의 실상을 보여준다. 인간다운 삶의 가치가 급속히 사라져 가는 과학과 물질에만 의존해서 살아가는 고통받는 사람들에게 희망은 포박당해 있다. 지구촌 어디에서도 좋은 삶의 증표나 전망을 발견할 수 없는 디스토피아적 세계 속에서 절망적 인식을 바라보는 것은 어려운 일이 아니다. 생명을 가볍게 여기고 인간과 자연을 욕망의 관계로만 인식하는 상황에서 묵시록적 파국의 현상이 일어나는 것은 당연한 일이다.

묵시록적 삶의 위기를 조금이라도 회복할 수 있는 방법은 무엇보다 근본적으로 우리들의 마음을 개량하는 것이라 할 것이다. 우리는 인간에 대하여, 자연에 대하여, 다른 생물에 대하여, 나무에 대하여. '속죄'의 마음을 가지지 못한다. 이 세상의 모든 생명이 인간의 생명만큼 소중하다는 사실을 인정하고, 그동안 우리의 이기심과 탐욕의 마음을 조금이라도 정화하겠다는 마음으로 우리가 지은 죄에 대하여 속량贖良 받겠다는 마음을 가지는 일이 중요하다. 종교적 이념에 치우치지 않더라도 성자들이 인류의 죄를 대신 씻어 구원했듯이 우리는 대속代贖하여야 한다. 그러나 인간은 자신을 반성하지도 참회하지도 속죄하지도 않는다.

오늘날의 삶의 현실에는 허무와 비애의 파토스가 짙게 깔려있다. 현재진행형으로 이루어지는 파국의 재난을 바라보면서 태풍에 밀려 떠내려가는 듯한 비극적 세계 인식이 짙게 드리워 진 것이다. 이는 현대적 삶의 조건이 그 자체로 비극적이기도 하거니와 우리 시대 삶의 상황이 묵시록적 풍경이라는 정조를 보여주는 것이다.

지금 우리의 삶에서 가장 절박한 과제는, 자연과 사회적 약자를 끊임없이 파괴하고 희생시키는 비인간적인 마음을 생태적으로 바꾸어야 한다는 사실이다. 이것은 우리의 삶을 어떻게 조금이라도 더 인간다운 사회로 만들어낼 것인가를 고민하는 일이다. 이 암울한 시대를 살아가고 있는 사람들에게 무엇보다 필요한 것은 공생의 삶을 살아가야 한다는 공감의 마음일 것이다.

지구 곳곳에서 나무가 죽어가고 있다. 외국에서뿐 아니라 국내에서도 많은 나무가 죽어가고 있지만 사람들은 아무런 관심도 없다. 지리산 정상 천왕봉으로 오르는 등산로는 죽은 나무의 무덤으로 변해가고 있다. 전 세계에서 한국에만 서식한다는 구상나무가 집단으로 죽어가고 있었다. 등산객들의 발걸음을 쫓아 해발고도 1,600m 지점에 오르니 울창한 숲이 계속되던 아래와는 다르게 앙상한 나무들이 보이기 시작했다. 본격적으로 구상나무들의 '집단 무덤'이 눈앞에 전개되었다. 국제기구는 기후변화와 인간의 벌목으로 인해 죽어가는 나무를 중요한 의제로 삼겠다고 다짐하지만, 나무의 죽음은 결국 인간의 삶을 위협하는 위기로 이어질 것은 분명하다. 이 세상에서 나무와 꽃이 없어진다면 인간은 어떻게 살 것인가.

3부

인디언의 영혼

빈집

간이역

직지直指

인디언의 영혼

금지된 장난

흙의 위기

빈집

 늦은 시간 불 꺼진 집에 들어가 우두커니 서 있어 본 적이 있는 사람은 안다. 혼자 어두운 집에 들어가 불을 켜는 일이 얼마나 쓸쓸하고 외로운 일인지. 오랜 시간동안 혼자 생활 해온 나는 빈집에 익숙하다. 그렇지만 어둠이 내려온 텅 빈 집에 들어설 때의 기분은 아직도 여전히 남루하다. 빈집에 들어서서 불을 켤 때는 갑자기 멈춘 시간이 되돌아 오는 느낌이다. 마치 깊은 잠에 빠져 있던 집안이 갑자기 깨어서 일어나는 기분이 든다.
 옛말에 "든자리는 몰라도 난자리는 안다"고 했다. 모든 것이 있을 때는 그 존재감이 두드러져 보이지 않다가도 사라지고 나면 그 빈 자리가 얼마나 커 보이던가. 집은 항상 그랬다. 어릴 적 어머니가 하루쯤 집을 비우면, 어머니 한 분이 안 계신 집이 얼마나 쓸쓸하고 황량해 보이던지. 성인이 된 아이들이 하나둘 집을 떠났을 때도 그랬다.

아이들이 사용하던 방엔 불이 밝혀지지 않은 지 오래다. 북적대던 집이 고요해지고, 늘상 어지럽던 집 안은 가지런히 정리되어 있는 채로 먼지만 쌓여간다. 아이들의 존재감이 얼마나 큰 비중을 차지했는지 그들이 모두 외국으로 공부하러 떠난 뒤 아이들의 방에 들어가서 한참을 서성이곤 했다. '빈둥지 증후군'이란 이런 것인지, 아이들이 살던 방에 있던 책상, 침대 그리고 사용하던 물건들이 그대로 있는데 아이들만 없는 공허함이 넘실댔다. 괜히 그들이 사용하던 방을 기웃대곤 했다. 같이 살았을 땐 마음에 들지 않는 일이 생기면 야단치고 불만이었는데, 어느새 모두 자기 삶을 찾아 떠난 자녀의 빈자리를 보며 야속함과 더 잘해주지 못한 안타까움으로 회한에 잠기게 되었다.

집으로 돌아와 방문을 열면 짙은 어둠이 뚝뚝 떨어지고 어디선가 어머니 쌀 일구는 소리가 들리는 듯해서 적막을 깨트린다. 불을 켜기 전에 눈을 감고 한동안 술렁이는 마음을 다스려야 했다. 불을 켜고도 괜스레 이방 저방을 서성이며 다니곤 한다. 모든 추억은 황량하다. 추억은 떠밀리듯 돌아오게 된 집 속에 감춰져 있지만, 그곳에서 흘러가 버린 시간은 이미 지상에 없다. 서랍에서 꺼낸 몇 장의 흑백 사진을 들여다보며 한숨을 쉰다. 오래전 가족들이 함께 찍은 사진이다. 사진은 흑과 백이 뚜렷한 대비를 이루면서 피사체들 모습을 부각시키고 있었다. 사진은 한 순간 정지되어 있었지만 지난 시간을 소환한다. 흑과 백은 화해되지 못하고 분리되어 있지만 그 시간은 나에게 다시 올 수 있을까.

언젠가 새들의 둥지를 보았다. 어미 새가 나뭇잎으로 둥지를 만들어 놓고, 알을 낳아놓았다. 며칠이 지나고 나면 알에서 새끼가 깨어나고, 어미는 어디선가 먹이를 가져와 물려주고, 비가 오면 날개로 새들을 감싸준다. 그렇게 정성을 다해 키워진 새끼 새들도 깃털이 생기며 날기 시작하더니 하나둘씩 떠나 둥지는 텅 비게 된다. 빈 둥지를 보며 아쉬운 마음도 들었지만 어디론가 자신의 세계를 찾아 하늘을 날아가는 새들을 보며 흐뭇하기도 했다. 생명의 힘과 순환에 이끌리며 살아가는 모든 존재들의 모습이 갸륵하다.

모든 생명에게 집은 삶을 위한 필수적 공간이다. 집은 비바람과 더위와 추위를 피할 수 있는 물리적 공간이면서 외부 세상으로부터 나를 지키기 위한 생존의 기본적 터전이기도 하다. 집은 사람이 태어나 살고, 죽는 일련의 과정이 진행되는 삶과 죽음이 닿아있는 공간이다. 인생이란 엄마의 집인 자궁womb에서 태어나 우리가 사는 '집'이라고 부르는 곳에서 살다가 무덤tomb이라는 또 다른 집으로 가는 여정이다. 결국은 모두 집에서 살다가 무덤으로 떠나가는 것, 성경의 한 구절이 떠오른다. '나, 어제 너와 같았으나 너, 내일 나와 같으리라Hodie Mich Cras Tibi.' 집의 시작에서, 무덤의 끝에서 바라본 한 생애의 이야기가 바로 인생이 아니던가. 세상의 모든 사람에게 스스럼없이 제 몸을 내어주는 집에게 더 이상 함부로 그 주소를 묻지 말자.

오늘날 가족의 모습이 달라지듯이 집은 있지만, 사랑이 없고 사람이 함께 하는 가정의 모습이 사라지고 있다. 누군가의 말대로 현대인의 집은 물품보관소로 바뀌었다. 사람이 있건 없건 그곳은 '빈 집'과 같다. 온 가족이 모여 저녁 식사를 나누며 함께 오손도손 지난 하루를 이야기하던 집은 어디로 갔을까. 집이 없는 사람은 불안정한 삶에 대한 고통에 시달린다. 많은 사람은 집은 있지만 사랑이 없는 집에서 살아간다. 집은 있지만 가정은 사라져 가고 있다. 할머니와 할아버지 시절의 집과 가정은 함께 있었지만, 이제 집과 가정은 먼 거리에 있다.

 철학자 하이데거는 인간을 '세계에 내던져진' 존재라고 했지만, 인간은 어딘가에 거주함으로써만 존재할 수 있다. 인간은 어딘가에 거주할 때 비로소 서로에게 존재로서 귀속하고 서로에게 마음을 열게 된다. 하나의 집 안에 서로를 향한 사랑과 진실한 마음이 머물러 있을 때 그 집은 의미를 갖는다. 그럴 때 새로운 삶의 서사가 나타나고 또 다른 삶의 가능성이 움트게 되는 것이다. 인간은 집이라는 요람에 놓이면서 삶은 시작되고, 집의 품속에 포근하게 숨겨지고 보호되면서 삶은 살아서 숨 쉬게 된다.

 명절이 되면 힘들지만 고향을 찾아 가는 사람들이 부럽다. 고향이 없어서가 아니라 사라져 버린 고향 때문이다. 고향의 모습은 도시개발로 조금의 흔적만 남기고 모두 사라져 추억 속에 남아 있다. 흙 담장 아래 오랫동안 비어 있던 폐가의 모습, 집의 흔적은 다 스러지고 담장의 뼈대를 이뤘던 나뭇가지들만 남았다. 풍경만 바뀐 것이 아니라 사람도 바뀌었다. 사람이 떠난 고향 마을에서 아무리 발버둥쳐도 살아갈 수 없으니 모두 도시로 떠나고 쇠한 육신을 가진 노인들만 남아 고향을 지킨다. 그

마저도 세월이 지나면서 한 분 두 분 이 세상과 이별을 하고, 더는 몸 누일 사람 없는 집은 폐가가 되어버렸다. 고향은 찾아가도 고향이 아니다.

　사람이 떠난 폐가, 저렇게 스러진 집처럼 우리의 삶도 쇠락해 가는 것이 아닌가. 떠난 사람들의 집 전경은 흡사 기형도 시인이 슬퍼한 '빈집' 같이 아무도 돌보지 않는 삶의 모습을 드러낸다. 기형도가 「빈집」에서 노래하는 '사랑'은 단순히 연인을 잃은 슬픔이 아니라 삶에 대한 의미와 가치를 상실한 아픔을 노래하는 것이다. 어디서나 '빈집'은 암울한 세상에 대한 절망을 나타내고 있다. 시인은 '빈집'을 이렇게 노래한다.

　　사랑을 잃고 나는 쓰네.
　　잘 있거라, 짧았던 밤들아
　　창밖을 떠돌던 겨울 안개들아
　　아무것도 모르던 촛불들아, 잘 있거라
　　공포를 기다리던 흰 종이들아
　　망설임을 대신하던 눈물들아
　　잘 있거라, 더 이상 내 것이 아닌 열망들아

장님처럼 나 이제 더듬거리며 문을 잠그네

가엾은 내 사랑 빈집에 갇혔네

─ 기형도, 「빈집」 일부

간이역

  젊은 시절에는 걸핏하면 기차를 타고 어디론가 달려가곤 했다. 흔들리는 기차의 진동과 소음에 몸을 맡기고 낯선 세계로 달려가던 시간의 경이로운 기억을 아직도 잊을 수 없다. 기차가 떠나고 도착하는 많은 역에서 사람들의 표정을 바라보고 그들의 모습을 엿보는 일은 곧 누군가의 인생을 생각하는 일과 같이 여겨졌다.

  기차를 타고 어디론가 떠나는 것은 삶과 세상에 대한 사색이었다. 어디로 가고 있는가. 창밖으로 보이는 풍경은 무엇을 의미하는가. 함께 가고 있는 사람은 누구인가를 물으면서 나와 열차는 하나가 되어갔다. 낮의 빛을 버리고 밤의 어둠 속으로 달려가는 야간열차의 모습은 더욱 아름다웠다.

'역'은 내가 좋아하는 단어의 하나가 되었다. '간이역' '종착역' 같은 단어들은 묘한 향수와 신비감을 불러일으키며 나를 들뜨게 만들었다. 역에서 누구를 보내거나 역에서 누군가를 기다리면서 언젠가 저 역에서 어딘가로 떠가고 돌아오지 않을까 하는 생각이 들었다.

사람들은 꼭 무슨 일이 있어서가 아니더라도 울고 싶은 마음과 떠나고 싶은 욕망을 기차를 타고 어디론가 떠나고 싶어 한다. '철마는 달리고 싶다'고 외치며 임진각에서 멈춘 남북의 분단 열차나, 힘들게 찾아간 남미 볼리비아의 어느 시골 마을에서 본 적이 있는 '기차무덤' 같은 곳이 아니라면 기차는 어딘가에서 발이 묶인 채 서 있을 수는 없다. 아마도 이 세상을 떠나는 마지막 순간까지 흐느끼며 삶의 신호를 보내듯이, 기차도 행선지를 위한 불을 밝히고 어딘가로 달려가야 한다.

당신이 타고 가는 기차는 어디를 달리고 있는가. 꽃 피는 봄이 오는 언덕인가, 자두가 익어가는 어느 여름의 시골 마을인가, 붉은 낙엽이 가득한 아름다운 가을인가. 백설이 분분히 날리는 꽁꽁 얼어붙은 겨울인가. 태양이 작열하는 한낮인가 아니면 별빛이 찬란히 쏟아지는 밤인가. 우리가 무수히 남긴 목소리는 이 기차역에서 다른 기차역으로 전해지며 간절한 마음을 남기고 또 다른 기차가 오기를 기다린다.

우리 인생은 간이역을 스쳐 지나가는 것과 다르지 않다. 이제는 역무원도 없고 잠시 정차만 하는 간이역에서와 같이 기차를 타고 가던 사람들은 기차가 서면 내려야 한다. 일찍 기차에서 내려야 하는 사람과 조금 늦게 내리는 사람이 있을 뿐, 그것은 당사자의 의사와는 상관없다. 운명의 부름인지 알 수 없으나 간이역에서 내려야 하는 사람들은 모두 어딘가 갈 길을 가야 한다. "기차는 아직 오지 않았다" 그러면서 우리는 "한때나마 나도 누구에게 뜨거운 사람이었는가"(김수영의 「간이역」)라고 후회한다. 나도 당신도 한때는 누군가에게 뜨거운 사람이었다. 그러면서 우리는 다짐한다. 오늘도 내일도 우리는 더 진지하고 뜨겁고 건강하게 살자.

돌아보면 해 놓은 것 없이 오래 머물지 못하고 지나온 간이역이지만 또 다른 역으로 달려가야 한다. 짙은 안개 속에서 잠시 소풍 왔다가 떠가는 것이 인생이라면 무언가를 위해 더욱 뜨겁게 살다가 종착역으로 가야 하지 않을까. 간이역 대합실의 사람들은 모두 쓸쓸하고 외롭다. "밤열차는 또 어디로 흘러가는

지/ 그리웠던 순간들을 호명하며 나는/ 한줌의 눈물을 불빛 속에 던져 주었다"(곽재구의 「사평역에서」)와 같이, 간이역 대합실에서 밤열차를 기다리는 사람들은 잔기침을 하면서 인생이란 참으로 고달프고 힘든 것이라는 것을 알게 된다.

허수경 시인이 독일에서 영원히 먼 길을 떠났다. 한줌의 재가 되어 조국으로 돌아왔다. 삼백 년 대찰인 북한산 중흥사 대웅전 앞뜰에서 49재의 추도사가 시작되자, 사람들은 울먹였다. 참석한 백여 명의 눈에서 눈물이 흘렀다. 죽은 자 앞에서 모두가 숨을 죽였고, 영정을 향해 두 손을 모았다. 중음中陰의 빗장에서 벗어난 허수경 시인의 사십구재는 서늘한 만추에서 떨고 있었다.

죽음이라는 종착역을 향해 끊임없이 달려가는 우리에게 시인은 간이역 같은 쉼표를 선사해 준다. 나는 남고 그대는 간다. '기차가 가는' 속도로 점점 멀어지는 그대와의 거리 때문에 그리움은 쌓인다. 그대가 떠난 뒤에야 비로소 내 몸이 그대와 '닮아 있음'을 알게 되어 마음의 빈자리에 더욱 그리움만 쌓인다. 사랑은 두 사람이 함께 탄 기차 여행과 같은 것이다. 그렇지만 언젠가 한 사람은 어느 낯선 역에서 내려야 하고, 다른 사람은 먼저 내린 사람을 위해 손을 흔들어 주어야 한다. 인생이란 우리가 타고 가는 기차가 역을 지나가는 거와 같은 것이다. 같은 기차를 타고 가던 사람도 역에 도착하면 내려야 한다. 일찍 역에서 내려야 하는 사람과 조금 늦게 내리는 사람이 있을 뿐, 우리들의 의사와는 상관없이 간이역에서 내려야 하는 사람, 다음 역에서 내려야 하는 사람이 있을 뿐이다.

허수경 시인은 『누구도 기억하지 않는 역에서』라는 시집 첫머리 '시인의 말'에서 이렇게 말했다. "영원히 역에 서 있을 것 같은 나날이었다/그러나 언제나 기차는 왔고/나는 역을 떠났다/다음 역을 향하여". 그렇다. 우리는 언제나 어느 역에서 만나고 다음 역을 향해 떠나야 한다. 영원히 도착하지 않을 것 같던 기차를 기다리며 서성이다가 다시 도착한 기차를 타고 마침내 종착역으로 떠나야 한다. 먼저 세상을 떠난 시인이 타고 간 기차는 어느 역에 도착했을까. 당신의 목소리가 차곡차곡 담긴 시 속의 간이역에서 무수한 사연과 돌이킬 수 없는 시간이 또 다른 기차를 기다리고 있겠지.

영원히 도착하지 않을 것 같던 기차를 기다리며 낯선 역에서 서성이던 시인은 늦게 도착한 기차를 타고 역을 떠났다. 시인이 도착했을 곳은 고통없고 슬픔없는 저세상 어디일까. 아마도 시인은 이 세상을 떠날 적에 마지막 열차 신호가 꺼져 가는 것을 바라보면서 아쉬움의 눈물을 흘렸을지도 모른다. 기차는 떠나고, 시인도 가고, 그의 시 「기차는 간다」만 남았다.

    기차는 지나가고 밤꽃은 지고
    밤꽃은 지고 꽃자리도 지네
    오오 나보다 더 그리운 것도 가지만
    나는 남네 기차는 가네
    내 몸 속에 들어온 너의 몸을 추억하거니
    그리운 것들은 그리운 것들끼리 몸이 먼저 닮아 있었구나

                           – 허수경, 「기차는 간다」 일부

직지直指

　홍덕사에서는 범종 소리가 울리고 중생을 깨우치려는 어느 스님의 마음이 세상 저 멀리 퍼져나간다. 금속활자의 글자는 설법이 되고 향기가 되어 사람들의 마음속으로 스며든다.

　『직지』는 1377년 고려시대 청주 홍덕사에서 고승이었던 백운이란 호를 가진 경한 스님께서 집필하여 쓴 책을 금속활자로 뜬 것이다. 독일의 구텐베르크가 금속활자로 인쇄하여 만든 『성서』보다 78년 앞선 것이다. 『직지』는 세계에서 가장 오래된 금속 활자본으로 공인되어 2001년 9월에 유네스코 세계 기록 유산으로 등록되었다.

　『직지』는 원래 상하 두 권이었는데, 상권은 분실되었고 현재는 하권만 남아 있다. 하권마저도 프랑스로 유실되어 그곳 국

립도서관 동양문헌실에 소장되어 있다. 백운의 제자인 석찬, 달잠, 묘덕 스님이 『직지』를 간행했는데 묘덕 스님이 많은 시주를 하게 되어 출간하는 데 큰 도움을 준 것으로 전해진다. 금속활자가 만들어진 덕분에 글자 한자 한자에 공을 들여서 필사해 만들어지던 책을 빠르고 편안하게 만들 수 있게 되었다. 그 옛날 금속활자로 만들어진 책을 보면 묘덕 스님 공덕의 마음이 새겨져 있는 듯하다.

'직지直指'는 "바로 가리키다"는 뜻으로 경전이 아닌 스님들을 위한 설법서이다. 직지는 한지로 되어 있어 한지의 향을 느끼며 설법이 들려오는 듯 해서 직지를 읽으면 곧 부처의 마음이 전해온다. 『직지』의 원래 명칭인 『직지심체요절直指心體要節』은 '무심선無心禪'이라는 특유의 선 수행법을 가르치고 있다.

'직지심체直指心體'는 '직지인심견성성불直指人心見性成佛'이라는 오도悟道의 명구에서 따온 것으로 사람이 마음을 바르게 깨달을 때 그 심성이 바로 부처의 실체라는 것이다. 이는 무심무념으로 있으면서, 저마다 지니고 있는 깨달음佛性이 자연스럽게 깨어나도록 유도하는 것이다. 이렇게 선현들은 저 정교한 직지 활자에 영혼을 담아 후손들에게 물려주었지만, 우리의 삶은 비루하고 글은 영세하다.

『직지』는 삶과 글에 대해서 많은 진리의 이야기를 들려준다. "아지랑이는 본래 물이 아닌데 목마른 사슴은 알지 못해 부질없이 헤메인다." 우리는 아지랑이 속 같은 어둠 속에서 목마른 사슴같이 헤매고 있지만 진리의 길은 멀리 있다. 『직지』를 만든 순백한 영혼과 그를 닮은 글을 언제면 쓸 수 있을까. 영혼이 담긴 한 줄 글을 쓰기 위해 밤새며 앉아 있어도 언어는 미궁 속을 헤매고 있다. 글쟁이들이 글쓰기의 고통으로 불면의 밤을 보내는 것이야 당연한 일이지만 한 줄의 글에서라도 더 나은 마음과 감정을 표현해내기 위해 고뇌하는 일이 어찌 이리 힘들기만 한가. 그렇지만 나의 글이 활자화되어 이 세상에서 떠돌아 다닐 것을 생각하면 한 줄의 좋은 글을 쓰기 위해 밤을 지샌다고 한들 어찌 무량할 것인가.

이 세상은 갈수록 아름다움과 진실을 상실하여 타락하고 추악해지고 있고 우리는 목마른 사슴이 되어 어둠 속을 벗어나지 못하고 있다. 진실이 사라진 세상에서 우리는 "자신이 어리석어 진실하지 않으면서 세상을 헛되고 헛되다 하네." 『직지』가 이르는 대로 진실과 진리를 위한 깨달음의 마음은 멀리하면서 헛된 아름다움과 욕망을 이루기 위해 몸부림치고 있다. 진실의 세계에 닿기 위해 정진하는 사람들도 점점 없어져 가고 있다. 그렇지만 아무리 절망적인 삶의 모습을 바라보면서도 이 세상에서 진정한 아름다움과 진실이 존재하고 있다는 믿음과 그것을 찾고자 하는 노력과 희망을 포기할 수만은 없다.

우리가 찾고 있는 진리의 목소리는 세상의 모든 타락과 불의에 대해 마지막까지 구원을 말할 수 있는 것이어야 한다. "진리는 원래 형체도 없어 집착도 없고 구름처럼 모였다 흩어지네." 진리의 목소리는 과학기술이나 자본과 같이 세상을 위하여 당장 무엇을 해줄 수 있는 것은 없다. 그 목소리가 이 세상의 불의와 타락을 해결하지는 못하겠지만, 그러한 가능성을 보여줌으로써 인간과 세상이 나아갈 길에 빛을 비추어 준다. 갈수록 암담해가는 이 삶의 현실에서 진리의 빛은 왜곡되고 타락된 인간과 세상에 어둠을 밝혀주는 역할을 할 수 있기 때문이다.

동서양을 막론하고 문자와 활자가 발달하게 된 이유를 생각해 보면 단순히 사람들 사이의 의사소통을 위해서 생긴 것이라고 쉽게 생각할 문제는 아니다. 사실 문자는 권력자들의 통치 수단을 위해 발달해 왔으며, 특히 문자가 발달한 이유 중의 하나가 세금을 거두기 위함이라는 주장도 있다. 소유권을 명확하게 하기 위한 채권과 채무 관계를 명시하는데 문자보다 유용한 도구는 없기 때문이다. 특히 고대사회에서의 문자는 왕권을 중심으로 하는 고위층들의 독점물이었다. 자신들의 안정적인 지위와 삶을 강화하기 위해서 문자가 가지고 있는 힘을 사용했던 것이다.

이런 점에서 세종 대왕의 한글 창제는 더욱 위대하게 보인다. 『직지』에 담긴 위대한 정신은 100년도 지나지 않아 세종 대왕이 한글을 창제함으로써 활짝 개화하게 된다. 한글의 위대함은 무엇보다 그 창제 정신에 있다. "사람마다 말이 다르고, 문자가 서로 달라 뜻을 전하기 어렵다."는 것을 안 세종 대왕은 한글을 창제하면서 모든 사람이 쉽게 배워서 사용할 수 있는 문자를 만들고자 했다. 그리하여 1443년 백성을 위해 모두가 쉽게 읽고 쓸 수 있는 문자인 '훈민정음(한글)'을 창제하였다. 한글은 단순한 문자를 넘어 과학, 예술, 실용성, 철학까지 담아낸 세계에 단 하나뿐인 문자로 평가받고 있다. 한글 창제는 여러 면에서 그 위대함을 찾을 수 있으나, 백성을 사랑하고 그들의 삶을 개선하고자 하는 세종 대왕의 민중 교화의 이데올로기가 담겨있다는 사실이 중요하다. 이러한 창제 정신이 오늘날의 사람들에게도 깊은 감동을 주고 있다.

『직지』를 펴낸 흥덕사는 오늘날에는 폐사되어 흥덕사지로 남아 있고, 그 옆에는 고인쇄박물관이 있다. 충청북도 청주시에는 '직지'라는 글자가 시내 곳곳에 날리고 있다. 버스정류장이나 전봇대마다 'JIKJI'를 써놨고, 흥덕사지 부근 청주시 주요 도로 이름도 직지 대로이다. 가로수길 타고 가경동으로 들어오면 '직지의 고장 청주'라는 비석이 서 있다.『직지』는 외국 땅 어딘가로 떠나 그 정신은 사라지고 흔적만 남아 있다. 프랑스에 유배된 『직지』는 언제면 조국 땅에 돌아와 그 모습을 드러낼 수 있을까. 직지가 이 땅으로 돌아와 그 모습을 드러내면 우리의 삶과 글도 탈각하여 찬란한 모습을 보일 수 있을까.

인디언의 영혼

또 한 해를 보내는 겨울이 눈앞에 성큼 다가왔다. 세월의 흐름은 참으로 무상하다. 씨를 뿌린지 엊그제 같은데 들판에서는 일 년 동안의 수확이 한창이다. 한 해를 마감해야 하는 시간이 다가오지만, 사람들의 마음과 영혼은 그리 풍요롭지 못한 듯하다.

영혼은 정신과는 구별되는 일종의 생명의 원리로 알려져 있다. 영혼은 정신을 유지할 수 있는 힘의 원천이며 인간 감정이나 지성과 같은 의식작용을 지배한다. 영혼은 보이지 않는 내면의 빛이나 양심의 본질을 가리키는 은유적 상징의 언어이다. 영혼의 힘, 즉 내면의 정신적 에너지를 추구하는 사람은 이런 언어를 쉽게 이해할 수 있다.

고대 그리스 시대에 아리스토텔레스는 영혼을 생명의 본질로 간주해 육체는 단지 영혼의 도구에 지나지 않는다고 보았다. 아리스토텔레스가 설파한 대로 오늘날 영혼 없는 인간과 사회의 모습을 보는 것은 어렵지 않다. '영혼 없는 인간'이 많다는 것은 동물적 충동과 본능에 따라 살아가는 인간이 많다는 이야기이다.

영혼의 중요성이 그렇게 강조되고 있지만 지구촌 곳곳에서는 전쟁과 폭력과 질병이 되풀이 되고 있으며, 인간의 타인에 대한 억압과 수탈은 보편화되고 있다. 무엇이 인간으로 하여금 나무나 꽃과 같이 새들이나 아이들과 같이 순수하고 아름다운 마음으로 살아가는 것을 불가능하게 만드는가? 이것은 모두 인간의 잘못된 심성에 기인하는 것이라 할 수 있을 것이다. 인간은 역사와 문명이라는 위대한 이데올로기를 만들어 내었지만, 자연과 같이 순리적으로 반복되는 질서나 섭리에 따라서 살아가는 것이 아니라 언제나 타자를 억압하고 구속하고 착취하는 삶을 살아가고 있다.

이런 삶의 양태는 자본주의라는 물질 만능 삶의 질서에 기인한 것인지 모른다. 자본주의 사회에서 물질과 금전이란 눈에 보이는 혹은 보이지 않는 신격화된 대상이며, 인간과 자연의 모든 성질을 마음대로 바꾸는 힘이기도 하다. 돈과 자본의 힘에 의존함으로써 인간의 정서와 영혼은 이미 오래전부터 부식되어 무력화되어 버리고, 그로 인한 삶의 허구화와 비인간화는 오늘날 인간사회의 근본조건이 되어버렸다. 그것은 단순히 상품소비 사회를 만드는데 그치는 것이 아니라 돈으로 인한 욕망의 왜곡이 항구적인 심리적 정서적 의식구조로 고착화되어 간다. 자본주의 사회에서 물신화의 확대재생산은 사회구조의 왜곡을 낳고 인간을 인간답지 못하게 하는 동력이 되어가게 하는 것이다. 그럼으로써 인간의 영혼은 갈수록 황폐화되고 인간다운 삶을 살아갈 수 있게 하는 정신은 사막의 신기루와 같이 보이게 되었다.

  우리 주변에는 자신의 영혼을 내팽개치고 살아가는 사람이 너무나 흔하다. 예사로이 자신의 양심을 속이며 거짓말을 하고, 오직 자신만이 살기 위해서 남을 해치고, 자연과 사람을 이용가치로만 생각한다. 옛날 미국의 인디언들은 말을 타고 가다가 이따금 자기가 달려온 쪽을 한참 동안 바라보는 습관이 있었다고 한다. 그 이유는 말이 지쳐서 쉬게 하려는 것이 아니고, 혹시 너무 빨리 달려와서 자기의 영혼이 뒤쫓아 오지 못하지 않을까 염려했기 때문이라는 것이다. 배운 것도 아는 것도 없는 인디언들이 이런 지혜를 생각했다는 사실은 놀라운 일이 아닐 수 없다. 인디언의 삶의 태도에서는 문명의 첨단을 달리며 살아가는 우리가 배워야 할 것이 한둘이 아니다.

'인디언 문학의 아버지'라 불리는 오히예사가 쓴 『인디언의 영혼』이라는 책이 있다. 이 책은 인디언의 삶의 방식과 사상을 실제적으로 보여주고 있다. 인디언의 자유로웠던 야생의 삶을 아름답게 그려내면서, 자연과의 영적인 결합으로 이루어진 그들의 삶과 정신세계를 그려내고 있다. 자연과 어울린 신비롭고 환상적인 삶에 대한 의지와 영적인 교훈은 과학기술과 자본의 힘에 의존해 살아가는 현대인의 삶에 수많은 교훈을 던져 준다. 인디언들의 교육 방식, 사회의 규율, 인디언 여성들의 태교, 사랑과 우정, 종교적 의식 등 인디언의 삶을 다양한 측면에서 자세하게 설명하고 있다.

오히예사는 수우 족 인디언으로 태어나 전통적인 인디언 생활 방식으로 성장했고, 아버지에 의해 백인사회에 편입했다. 그는 명문 보스턴 의대를 졸업하고 최초의 인디언 출신 의사로서 성공적인 삶을 살았다. 그러나 백인 기병대가 '운디드니'라 불리는 작은 골짜기에서 수많은 무고한 인디언들을 학살한 '운디드니 대학살 사건'을 바라본 이후, 인디언이 지켜온 고귀한 정신과 사상을 보호하는 일에 앞장서기 시작한다.

『인디언의 영혼』은 우리에게 소중한 삶의 지혜를 가르쳐준다. 인생은 백인들처럼 '산을 오르는 불 배(증기 기관차)'를 타고 숨 가쁘게 달리는 것이 아니라 느긋하게 평원을 걸어 다니며 천천히 생각하며 살아가야 한다는 것, 인간의 삶은 '소유하는 것'만이 중요한 것이 아니라 '존재하는 것'이 더욱 중요하다는 것을 가르친다. 무엇이든 금전으로 환산해 가치를 따지고 자신에게 이익이 되지 않으면 쓸모없는 것이라 여기는 삶의 태도를 인디언들은 받아들이지 않았다.

인디언의 자연관에서도 이런 삶의 태도는 잘 드러난다. 1월은 '해에게 눈 녹일 힘이 없는 달', 2월은 '삼나무에 꽃바람 부는 달', 3월은 '한결같은 것은 아무것도 없는 달', 4월은 '머리맡에 씨앗을 두고 자는 달'로 체로키족은 표현했다. 자연과 대지에 대한 가슴시릴 만큼의 사랑과 아픔을 간직한 인디언들의 지혜가 담긴 표현들이다. 시애틀의 인디언 추장은 "우리가 어떻게 공기를 사고팔 수 있단 말인가? 대지의 따뜻함을 어떻게 사고판단 말인가? 부드러운 공기와 재잘거리는 시냇물을 우리가 어떻게 소유할 수 있으며, 또한 소유하지도 않은 것을 어떻게 사고팔 수 있단 말인가? 햇살 속에 반짝이는 소나무들, 모래사장, 검은 숲에 걸려 있는 안개, 눈길 닿는 모든 곳, 잉잉대는 꿀벌 한 마리까지도 우리의 기억과 가슴속에서는 모두가 신성한 것들이다. 우리는 대지의 일부분이며 대지는 우리의 일부분이다."라고 말했다. 또한 널리 애송되는 인디언 기도문 중에는 "위대한 정령이시여, 바람 속에서 당신의 목소리를 듣습니다. 당신의 숨결은 세상 모두에게 생명을 줍니다. 위대한 정령이시여, 나는 당신의 많은 자식들 가운데 작고 힘없는 아이입니다. 내게는 당신의 힘과 지혜가 필요합니다. 나로 하여금 아름답게 걸을 수 있게 하시고, 내 두 눈이 오래도록 저녁노을을 지켜볼 수 있게 하소서."라는 부분이 있다. 인디언들은 자연과 인간에게 영혼이 있다고 믿었으며 그러한 영혼의 힘에 의해서 세상은 움직인다고 여겼다.

  인디언들은 거대한 숲의 정적 속에서 산책하며 사랑, 평화, 자비심 같은 영혼의 순결을 키워나가고자 했다. 오염되고 타락한 현대문명 속에서 우리가 조금이나마 인간답게 살아갈 수 있는 것은 인디언들이 간직한 거와 같은 아름답고 맑은 영혼을 간직하는 길이 아닌가 한다. 인생의 앞만 보고 달릴 것이 아니라 인디언처럼 내 영혼이 제대로 따라오고 있는지 한 번쯤 뒤돌아 볼 일이다.

금지된 장난

나치 독일의 침공으로 프랑스 북부의 시민들이 보따리를 들고 남프랑스로 피난을 떠가고 있다. 아직 학교도 다니지 않는 어린 폴레트도 부모님의 손을 잡고 피난을 가고 있는 데, 갑자기 독일군 전투기들이 피난 행렬을 향해 기총 사격을 하고 포탄을 떨어뜨린다.

전쟁에는 정신도 없고 감정도 없다. 누군가의 명령과 결정에 따라 개미처럼 도망치던 사람들이 혼비백산하여 흩어지고, 총에 맞아 죽는다. 비명 지를 사이도 없이 그대로 죽음을 맞이한다. 폴레트는 엄마 아빠가 그렇게 한순간에 사망하는 것을 눈앞에서 목격한다. 그들은 강아지처럼 무덤에 안치되지도 못한다. 유명한 영화주제곡 '금지된 장난'의 아름다운 선율이 전쟁의 참상을 역설적으로 보여주면서 영화 〈금지된 장난〉은 전개된다.

전쟁의 한가운데에 서 있는 인간과 예술의 모습을 그린 감동적인 영화 〈피아니스트〉도 기억난다. 1939년 폴란드 바르샤바를 무대로 유명한 유대계 피아니스트 블라디슬로프 스필만은 인기 라디오 프로그램에서 쇼팽의 야상곡을 연주하다 폭격을 당한다. 이후 유태인인 스필만과 가족은 독일의 강제수용소로 향하는 기차에 몸을 싣게 되고 간신히 목숨을 구한 스필만은 허기와 추위, 고독과 공포 속에서 마지막까지 생존을 지켜나간다. 은신 생활 중 스필만은 우연찮게 순찰을 돌던 독일 장교에게 발각되고 지상에서의 마지막 연주가 될 지도 모르는 순간, 온 영혼을 손끝에 실어 연주를 시작한다.

전쟁은 예술도 인간도 인생도 모두 앗아가 버린다. 그곳에는 그저 처참한 파괴와 죽음이 있을 뿐이다. 전쟁의 풍경은 언제나 갑작스레 사람들로 붐비는 기차역, 고아와 이산가족으로 가득한 거리, 폭격으로 폐허가 된 도시의 처참한 모습을 보여준다. 전쟁은 이런 엄청난 일이 어떻게 생겨나고 끝나는지 모른 채 나날의 삶을 행복하게 살아가던 시골 농부와 순진한 아이들을 죽이고 흩어지게 할 뿐이다. 그렇지만 인간이 저지르는 이런 엄청난 장난을 올빼미와 나무들은 산과 들판에서 다 지켜보고 있다.

　인간이 저지르는 가장 어리석고 비극적인 짓은 전쟁이다. 고대의 트로이전쟁에서부터 현재 일어나고 있는 우크라이나 전쟁에 이르기까지, 전쟁은 인간과 세상을 가장 야만적이고 반문명적인 상태로 만들어 버린다. 세상에서 가장 아름다운 여인을 뽑는 과정에서 생긴 트로이 전쟁에서부터 자국의 작은 이익을 위해서 일어난 우크라이나 전쟁에 이르기까지 전쟁이란 궁극적으로 우리가 이웃과 사이좋게 살지 못하고 다투기 때문에 생기는 것이다. 인간이 서로를 사랑하고 공감하지 못하기 때문에 지구 곳곳에서 전쟁이 일어나고 있다. 또한 현대문명의 탐욕과 비인간화가 전쟁을 부추기고 있다. 오늘날 전쟁은 대포와 총, 이어 핵과 미사일과 무인기가 도입되면서 완전히 다른 양상을 띠고 있다. 총으로 싸우던 시대가 오자 인디언 마을 전체는 사라지고 말았다. 인디언도 사라지고 '늑대와의 춤'도 사라진다. 이제 무엇이 사라질 차례일까?

　러시아가 우크라이나를 상대로 일으킨 전쟁이 해를 넘기고 있다. 도시는 폐허가 되어버렸고 하루하루 평화롭게 살아가던 사람들은 전쟁의 고통 속에 뿔뿔이 흩어졌다. 잿더미가 된 도시 자체도 참담하지만, 더 크게 고통스러운 것은 그곳에서 희생된 사람은 물론 그들을 사랑하던 생존자들이다. 망가진 도시는 복구하면 되겠지만 전쟁을 겪으면서 충격을 받은 사람들은 평생 트라우마를 겪고 살아가야 할 것이다.

전쟁의 현장에서 멀리 있는 우리는 상상하기 힘든 일이지만, 거리에서 연일 공습경보가 울리고 어딘가에서 날아온 미사일과 포탄이 머리 위를 날아다닌다는 사실은 생각만 해도 끔찍한 일이다. 인간의 탐욕과 어리석음으로 어린아이와 여성, 노인 같은 무고한 민간인이 참혹하게 죽어가고 있다. 오래전에 우리나라에서 일어났던 6·25 전쟁에 대한 기억이 그랬듯이 폐허가 된 도시와 사람들의 마음을 회복하는 데 얼마나 많은 시간이 걸렸는가.

스베틀라나 알렉시예비치의 『전쟁은 여자의 얼굴을 하지 않았다』는 전쟁에 관한 인상적인 책이다. 기자로서 수집하고 인터뷰한 전쟁의 참상을 독자들에게 알리는 책이라는 점에서 그렇지만, 저자가 2015년 노벨문학상 수상 작가이며 우크라이나 태생이고 벨라루스에서 활동했다는 사실이 더욱 그랬다. 책에서는 제2차 세계대전 당시 소련 여성들이 겪은 전쟁의 모습을 여실히 보여주고 있다. 그동안 거의 모든 전쟁에 관한 저작은 남성 중심의 영웅담이었지만, 『전쟁은 여자의 얼굴을 하지 않았다』에서는 당시 소련 여자들이 무자비한 독일군에게서 나라를 지키겠다고 남자들과 똑같이 총칼을 들고 싸운 이야기가 나온다. 어린 소녀들부터 엄마들까지 많은 여성이 총을 들고 독일군에 대항했다. 전쟁이 끝난 후 집에 돌아온 겨우 스물한 살의 여성은 노파처럼 머리가 하얗게 세어 있었다고 한다. 그뿐이 아니다. 처음 사람을 죽이고 엉엉 운 소녀, 전쟁이 끝난 후에도 붉은 고기가 걸린 시장에 가지 못했다는 여성, 원래 여성은 생명을 탄생시키고 보살펴주는 존재이지만 어찌하여 생명을 죽이는 존재가 되어버렸다.

불과 백 년 전 격렬했던 '독·소 전쟁'에서는 우크라이나와 러시아가 소련이라는 하나의 나라로 독일과 사력을 다한 전투를 하였다. 그러나 이제는 두 나라로 갈라져 전쟁을 한다는 사실이 아이러니하다. 지금도 전쟁은 진행 중이고 여전히 수많은 사람이 목숨을 잃고 있지만, 이같은 사실이 사람들의 관심에서 자꾸 멀어져가고 있다는 사실이 더욱 슬프고 안타깝다. 전쟁을 겪는 사람들은 하루하루가 고통의 시간이지만 TV와 컴퓨터에서 이를 바라보는 사람들은 전쟁에 대해 갈수록 가벼운 호기심과 값싼 연민에 빠져들고 있다. 앞으로 얼마나 많은 죄없는 민간인과 군인 희생자가 생길 것인가.

사랑하는 아이들과 생이별하고 울고 있는 어머니, 삶의 터전을 잃고 길거리를 헤메고 있는 노인들, 전쟁의 폐허 속을 뛰어다니는 아이들의 모습이 자꾸 떠오른다. 그 배경에서는 〈금지된 장난〉의 슬픈 선율이 들려 온다. 전쟁을 일으킨 사람들은 자신이 저주받을 존재라는 사실은 의심치 않는다. 사람이 사람을 죽여야 하는 전쟁에서 인간이 지녀야 할 최소한의 인간성이라는 감정마저 사라지게 될 때, 인간은 인간다움을 잃게 되고 비극은 더 큰 비극으로 이어지게 될 것이다. 전쟁을 일으킨 사람들은 부도덕한 힘을 가진 총칼이며 탄환이다.

전쟁은 인간의 삶을 송두리째 흔들면서 깊은 상처를 만드는 미친 짓임에 틀림없다. 전쟁은 그 누구도 돌이킬 수 없는 고통과 비극을 만든다. 깊은 비탄에 잠겨 있을 우크라이나 국민들의 아픔이 어떠할까. 전쟁은 결코 인간이 해서는 안 될 장난이다. 전쟁은 또 다른 영웅 서사시를 남길지 모르지만, 거대한 폭력 속에 희생된 무명無名의 사람들에게 남는 것은 인간성 상실이라는 비극뿐이다. 전쟁은 인간을 죽이고 자연을 죽이고 세상을 죽인다.

흙의 위기

　흙은 만물의 근원이자 생명의 터전이다. 흙의 중요성은 동서 고금 곳곳에서 다양한 형태로 표현되었다. 『성서』에 의하면 태초에 하나님이 천지를 창조하시고 흙으로 사람을 만들었다고 하며, "하나님이 흙으로 사람을 지으시고 그의 코에 생명을 불어넣으시니 사람이 생명체가 되었다."고 기록되어 있다. 또한 동양에서도 "인간은 흙에서 태어나 흙에 살다 흙으로 돌아간다"는 철학을 바탕으로 흙의 가치를 삶의 근원으로 여겼다.

　문학작품에서도 흙의 의미는 다양하게 나타나고 있다. 흙의 상징적 의미를 통하여 일제강점기의 풍속도를 그려낸 이광수의 『흙』, 격동의 한국 근대사를 '토지'라는 이름으로 서술해 낸 박경리의 『토지』가 그들이다. 서양 문학작품에서도 땅의 의미는 펄

벽의 작품 『대지』에서 잘 나타나고 있다. 특히 이 작품에서 "우리들은 땅을 파먹고 살아왔어. 그리고 또다시 땅속으로 돌아가야 해. 너희들도 땅만 가지면 살 수 있어. 누구라도 땅만은 빼앗을 수 없어"라는 대목은 인상적이다. 평론가 김종철은 비평집 『흙의 상상력』에서 '땅'이란 옛사람들에게는 만물을 기르는 어머니 대지, 즉 인간사회를 지탱하는 근간이었다고 말한다.

흙은 인류가 뿌리내리고 사는 터전이자 지구 생명체의 원천이다. 흙 없이 살아갈 수 있는 생명체는 없으며 흙은 존재의 '생명'이다. 따라서 모든 생명을 소중히 여기는 마음은 흙을 아끼는 마음이다. 사계절 동안 대지 위에 펼쳐지는 생명의 축제가 얼마나 눈부시고 장엄한가. 여기에는 흙이 빚어내는 생명의 힘이 담겨 있기 때문이다.

모든 생명은 흙이 제공하는 힘이 없으면 존재할 수 없다. 따지고 보면 인간의 몸도 흙의 성분으로 이루어져 있다고 해도 지나치지 않다. 그러나 산업화 이래 지난 수백 년 동안 각종 오염물질과 공해, 그리고 무분별한 생태계 파괴로 흙의 미생물이 소멸했거나 감소하고 있다. 이 때문에 인간은 생명 유지에 필수적인 영양성분을 식물로부터 제대로 섭취하지 못해 각종 질병에 시달리며 기후 위기의 자연적 재앙을 체감하고 있다.

현재 우리가 누리는 것을 미래세대도 누리게 만드는 존재가 흙과 더불어 사는 농민이다. 농민은 우리의 소중한 자원 가운데 하나인 흙을 지키며 살아간다. 그동안 사람들은 첨단기술을 사용하여 농업을 했지만, 앞으로는 최소한의 비료와 제초제만 투입함으로써 탄소 배출을 줄여 땅을 보호해야 한다는 점을 역설하고 있다. 지속가능한 농업, 지속가능한 인류의 미래가 흙에 있다는 점을 깨닫기 시작한 것이다.

그런데 이렇게 소중한 흙과 땅이 위기에 처했다. 지구 전체 토양의 3분의 1이 훼손되고 유기물이 손실된 상태라고 한다. 가뭄과 사막화로 손실되는 토양 면적은 매년 1200만ha가 넘는다. 인류 먹거리를 책임질 농지가 갈수록 줄어들 뿐만 아니라 생명을 지탱하는 땅의 힘도 갈수록 떨어지고 있다. 인구가 늘어나고 식습관이 변하면서 토양이 감당할 부담은 더욱 커지고 있는 것이다.

도시에 사는 현대인들에게 흙은 어떤 의미로 다가올까? 인간 삶에서 가장 소중한 흙이 갈수록 삶의 위기를 불러오는 존재가 되어간다. 흙먼지, 흙바람, 언제부터인가 쉽없이 찾아오는 황사…. 도시화가 곧 발전이라 여기는 동안 현대인들은 흙과 함께 숨 쉬는 시간을 잃으면서 흙의 존재 자체를 잊어가게 되었다. 흙은 우리에게 말한다. 흙을 가까이 하라. 흙은 모든 생명의 근원이다. 흙에서 생명의 싹이 살아나기 시작한다. 기계적이고 생명 없는 도시의 사막에서 벗어나야 살 수 있다. 흙을 가까이해야 삶의 든든한 뿌리를 땅에 내릴 수 있다. 흙은 우리에게 영원한 모성과 같은 것, 흙은 우리들 생명의 젖줄과 같은 것이어서 씨앗을 뿌리면 움이 트고 꽃과 열매가 맺게 된다.

흙과 땅의 기운이 꽃을 만들고 천지 만물을 만든다. 우리를 살아있게 하는 근원적인 힘이 꽃을 피워올리고 숲을 만들고 강물을 흐르게 한다. 그렇지만 한 송이 꽃도, 한 마리의 벌레도, 흘러가는 강물도 우리의 형제이며 자매라는 것을 왜 못 알지 못하는 것일까. 숲길을 걸을 때 땅이 나를 안고 어딘가로 안내하고 있다고 느꼈다. 숲속에 살고 있는 나무와 꽃과 새와 같은 무수한 생명들이 내 몸을 포용해 주었던 것이다. 나는 그들을 위해 무엇을 하고 있는가. 흙에는 거짓도 위선도 욕망도 폭력도 없다. 그렇기 때문에 흙을 가까이하면서 덕을 배우고 겸허해져야 하지만 인간은 그렇지 못하다.

이집트, 고대 중국, 그리스와 로마, 오늘날 미국에 이르기까지 찬란한 문명의 흥망성쇠는 흙과 함께 했다. 로마제국의 몰락과 종교개혁, 신대륙의 발견과 미국의 남북전쟁이 모두 흙 문제에서 비롯된 것이다. 기근과 질병, 인구 증가는 물론 정치적 갈등과 전쟁, 새로운 문화와 과학의 등장 이면에는 흙이라는 문제가 자리하고 있었다. 흙과 땅의 생산성을 둘러싼 개인과 집단, 국가의 관계는 우리가 상상하는 것 이상으로 심각한 문제이다. 어쩌면 21세기에 접어든 오늘날의 세계도 흙이 상실되면서 삶의 위기로 치닫고 있는지도 모른다.

　실제로 모든 문명은 높은 기술 수준에 걸맞은 속도로 땅을 고갈시키면서 몰락의 길을 걷고 있다. 문명이 땅의 힘을 높이는 방법을 찾아냈지만, 흙을 보존하고 생기있게 만드는 문화를 보기란 힘들다. 오래전 플라톤은 아테네 주변의 흙이 과거 아테네의 그림자라면서, 헐벗은 비탈에서 사라진 숲의 의미를 이렇게 이야기했다. "기름지고 부드러운 흙은 모두 사라지고 땅은 껍질과 뼈만 남았다. 지난날 이 언덕에는 풀이 무성하고 펠레우스의 바위 평원은 기름진 흙으로 덮여 있었으며 산에는 숲이 무성했다. 오늘날에는 그 자취만 남아 있다."

『흙:문명이 앗아간 지구의 살갗』에서 데이비드 몽고메리는 흙을 주제로 인류 문명과 지구 생명체의 근원을 탐구하고 있다. 흔히 흙을 모든 생명의 '토대'라고 하지만, 작가는 흙을 '지구의 살갗'이라고 정의한다. 사람의 살갗은 몸을 보호하고 회복하는 기능이 크지만, 흙은 암석을 분해하는 덮개로서 파괴되기 쉽다. 먼 옛날 선사시대부터 진행된 흙의 생성과 침식 사이의 균형 덕택에 지구의 생명은 풍화된 암석의 얇은 껍질에 얹혀살아 왔던 것이다.

흙과 땅은 과거로부터 물려받은 자산이면서, 미래로 물려줘야 하는 무엇보다 소중한 재산이다. 우리가 영원히 아스팔트나 콘크리트에 묻혀서 살아갈 수 없는 것이라면, 생존의 기반인 흙을 어떻게 살리고 보존해야 할 것인가를 생각해야 한다. 결국 인간은 흙에서 살다 흙으로 돌아가야 하는 존재이기 때문이다.

새봄이 오고 있다. 지난 힘든 겨울을 이겨내고 땅 위에 펼쳐지는 연둣빛 생명의 축제는 얼마나 위대하고 눈부신가. 모두 흙이 빚어내는 생명의 힘에 의한 것이다.

4부

사랑의 이름으로

그대의 찬 손
육두구의 저주
빛과 그늘
제우스의 수염
미타쿠예 오야신
사랑의 이름으로

그대의 찬 손

 우리의 신체 부위 중에서 온종일 가장 바삐 움직이는 중요한 곳은 어디일까. 신체의 모든 부분에서 중요치 않은 곳이 없지만, 눈과 함께 가장 바쁜 신체 부위는 두 손이 아닐까 한다. 아침에 일어나 세수를 하고 밥을 먹고 글을 쓰고 책을 뒤적이는 것은 모두 두 손에 의해서다. 컴퓨터 키보드를 두드리고 스마트폰을 조작하며 지하철 손잡이를 붙잡는 것도 손이다.
 손은 사람의 감정을 나타내는 도구이기도 하다. 처음 만난 사람에게 손을 내밀고 악수를 하며 인사를 나눈다. 서로 다툰 후 화해를 위해 손을 내밀거나 누군가에게 축하하거나 위로할 때 손을 마주 잡으며 감정을 전한다. 손을 마주잡고 감정을 나누는 악수는 주로 선의를 보이기 위한 것이며, 과거 무기를 손에 쥐고 있지 않다는 것을 보이기 위해 행하기 시작했다고 한다. 이렇게 상대방과 싸울 의사가 없다는 의견을 전달하는 과정이, 지금은 "적의 없이 소통하고 싶다"는 의미로 조금씩 변형되며 오늘날의 악수가 되었다. 손은 개인은 물론 인간사회에도 많은 의미를 전해 주었다.

그리스 신화에 나오는 미다스의 손은 만지는 모든 것이 황금으로 변하는 것으로 알려져 있다. 만유인력으로 유명한 과학자 뉴턴은 사람의 엄지손가락이야말로 신이 존재한다는 증거라고 말했다. 경제학자 애덤 스미스는 개인의 사사로운 영리활동이 사회 전체의 공적 이익을 증진시킨다는 의미에서 '보이지 않는 손'을 강조했다. 사람들은 손을 잡고 강강수월래를 부르면서 서로의 결속과 화합을 다짐했고, 88 올림픽 때 주제가인 〈손에 손잡고〉를 부르면서 세계의 연대와 평화를 강조했다.

손의 의미와 유래와 상관 없이 우리는 일상적으로 많은 사람과 손을 잡는다. 손을 잡아 보면 따뜻한 손도 있고 거친 손도 있고 찬 손도 있다. 젊은 시절 나의 손은 주변 사람들이 부러워할 정도로 여자의 손 같이 작고 부드러웠다. 아무리 들여다보아도 이런 연약한 손으로 거칠고 힘든 일을 하기는 힘들어 보였다. 집

안의 손쉬운 못질 하나 못하는 아들을 바라보면서 어머니는 한숨짓곤 하였다. 이런 모습을 보고 아들의 미래를 예감하신 어머니는 어릴 때부터 열심히 공부하라는 당부를 하셨다.

가만히 손을 들여다보면서 그동안 나의 손이 좋은 일보다도 나쁜 일을 하기 위해 움직인 적은 없던가를 생각해 보게 된다. 욕망과 집착을 위해 무언가를 움켜잡는 데만 사용된 것은 아니던가. 작은 이익을 위해 양심을 버리고 타협하는 손, 무엇이든 남에게 주지 않기 위해 움켜 쥐는 손, 헛된 우상들 앞에 복을 빌던 손, 세상의 음모와 타락과의 악수, 나의 몸에 이런 더러운 손이 있는 것이 아닌가 하는 생각이 들기도 한다.

그렇지만 누군가 힘들고 외로워할 때 나는 그들에게 손을 내밀어 누군가의 손을 잡아 주기도 했다. 그때 내 손과 마음은 따듯이 데워지고 있었다. 청소부로 살다가 성자가 된 사람, 농사를 짓다가 생에 대한 욕심에서 벗어난 사람은 모두 자신의 손을 어떻게 이용하는가에 따라 비로소 삶이 변화한다는 사실을 알게 된다. 사랑한다고 말하며 누군가의 손을 잡을 때 그 손에서는 또 다른 사랑이 건너오고 있었다. 진작에 잡고자 했지만 거절당했던 손, 차마 부끄러워 끝내 잡지 못했던 누군가의 손들은 모두 어디로 가버렸나.

나쁜 일에는 쉽게 손을 내밀면서 누군가의 행복과 이 세상의 평화를 위해 얼마나 손을 내밀었던가. 그것은 결코 무리한 요구가 아니라 인생과 세상을 위한 기본적인 감사와 관심의 표현이라고 할 수 있을 것이다. 하늘을 날아가는 새를 향해 손을 흔들어 주었는가, 들녘에 내리는 봄날의 햇살을 손바닥에 감싸며 감사한 적이 있는지, 어머니의 거칠지만 따뜻한 손에 얼마나 자주 입을 맞춘 적이 있는지. 자연과 세상과 사람에 기본적인 각별한 관심과 감사는 손으로부터 나타나며, 이때 손은 손의 주인을 행복하게 한다. 손에 많은 것을 쥐고 있어도 한 손은 비워두고, 손에 든 무기를 버리고 누군가의 손을 잡아줄 때, 이 세상에는 사랑과 행복이 넘쳐날 것이다.

어머니는 손이 그 사람의 모든 것을 보여 준다고 하였다. "손이 곧 그 사람이다. 그 사람을 제대로 알려면 손을 보면 된다. 그 사람이 어떻게 살아왔는지, 살림이 편안한지 곤란한지는 손을 보면 다 알 수 있다. 얼굴은 거짓말을 하지만 손은 거짓말을 못한다."고 하셨다. 손이 바로 사람의 마음을 비추는 거울이자 삶의 거울이라는 말씀이 아닌가 싶었다. 평생 가족을 위해 헌신해

온 어머니의 거칠고 검은 손에는 깊은 삶의 흔적이 남아 있었다.

　일제 강점기와 6·25 사변의 폐허 속에 계속되던 가난과 흉년으로 보리고개를 겪으면서 어머니의 삶은 오직 자식들 키우기와 가정 지키기에 노심초사한 세월이었다. 그늘 한 점 없는 뙤약볕에 엎드려 밭매고 논매며 농사지었고 겨울이면 식구들 옷 빨래를 냇가에 얼음을 깨고 해야 했다. 그리하여 손등은 거칠고 손가락은 갈라져 있기 일쑤였다. 거친 손이었지만 아랫목에 엎드려 책을 읽던 자식 등에 살며시 손을 넣어 등을 긁어주시곤 했다. 삶에 찌든 어머니의 딱딱한 손바닥은 지문이 닳아서 주민등록증에 지장을 찍을 수 없는 정도가 되었다.

　힘들고 고된 삶의 여정에 지친 어머니의 손은 임종하실 때는 더욱 거칠고 싸늘하게 식어 있었다. 사람이 태어날 때는 주먹을 꼭 쥐고, 죽을 때에는 손을 펴고 죽는다고 한다. 아마도 태어날 때에는 세상의 모든 것을 손에 쥐려고 하지만, 죽을 때는 빈손으로 가고자 하기 때문이 아닌가 싶다. 어머니의 손은 참으로 길고도 힘들게 많은 일을 하셨다. 그렇지만 언제나 따뜻하고 자비로운 손길을 간직하고 있었다. 목숨을 놓는 그 순간까지도 저승꽃이 핀 여윈 손은 누군가를 위해 움직이고 있는 듯했다.

한 많은 이승을 떠나면서 그 손도 마침내 차디차게 식어가는 것을 느낄 수 있었다.

푸치니의 오페라 《라보엠》에 나오는 〈그대의 찬 손〉은 내가 좋아하는 아리아의 하나이다. 아리아는 제1막에서 주인공 로돌포가 미미의 차가운 손을 따뜻하게 감싸며 사랑을 고백하는 장면으로 시작된다. 로돌포는 노래한다. "그대의 작은 손이 무척 차갑군요. 제가 따뜻하게 녹여 드릴게요." 이 세상의 모든 손은 위대하다.

육두구의 저주

모두 마스크를 벗어 던졌다. 이제 거리에서도 모임에서도 마스크를 쓴 사람이 보기 힘들다. 이제 자유다, 얼마나 긴 억압과 폐쇄로부터 다시 얻게 된 자유인가. 사람들은 쾌재를 부른다.

지난 몇 년 동안 코로나라는 이름으로 전 세계를 휩쓸었던 질병은 어떠한 폭력보다도 더 강렬하게 우리를 공포에 질리게 했다. 그렇지만 인간은 전혀 반성이 없다. 반성은커녕 마침내 마스크를 벗어 던지고 '코로나 이후'의 삶을 구상하기에 바쁘다.

그러나 진짜 문제는 코로나라는 질병이 준 고통보다 더한 어둠의 그림자가 우리에게 다가오고 있다는 사실이다. 지구 곳곳에서는 전쟁이 일어나고 자연재해로 인한 전 지구적 재앙이 일어나고 있다. 얼마 전 투루키예에서 일어난 참담한 지진이 보여주고 있듯이, 앞으로 우리에게 닥쳐오게 될 자연재해가 사람들을 더욱 암울하게 만든다. 미래를 예견하는 자연 과학자들은 우리에게 다가올 재앙이 전 지구적으로 확산될 것이라는 어두운 전망을 한다. 이같은 재앙은 근본적으로 인간의 끝없는 이기심과 욕망에 의해 이루어진 자업 자득의 현상이다.

최근에 발간된 인도 작가 아미타브 고시의 『육두구의 저주The Nutmeg's Curse—지구 위기와 서구 제국주의』는 오늘날 기후 위기의 기원을 인간의 삶과 자연환경에 대한 서구 제국주의의 폭력적 착취에서 이루어진 것이라는 사실을 밝혀주는 의미 있는 책이다. 역사, 에세이, 그리고 증언과 논쟁을 아우른 이 책에서 저자는 오늘날 지구 위기의 뿌리를 찾기 위해 신대륙 발견과 인도양 항해로까지 거슬러 올라간다. 이러한 여정을 거치면서 그는 현재의 기후 변화의 역학이 서구식민주의가 구축한 수백 년 역사의 지정학적 질서에 기원을 두고 있다고 주장한다.

육두구肉荳蔲은 인도네시아 반다제도에서만 생육되는 '사향 냄새가 나는 호두'인데, 이것은 17세기 초반부터 세계를 흔들어 놓은 생물이 되었다. 육두구는 당시 유라시아를 휩쓸던 유행병을 치료하는 데 쓰일 수 있는 가치 있는 식물이어서 육두구 한 줌

이 "집 한 채, 혹은 선박 한 척을 거뜬히 살 수 있을" 정도로 사치와 부의 상징이었다. 그 후 육두구는 수백 년 동안 서구인들이 이를 선점하기 위해 각축하면서 '유럽 식민주의의 전조'가 되었다.

코로나19 팬데믹과 지구 곳곳에서 일어나고 있는 전쟁과 환경 위기는 결국 식민주의와 심각한 인간 삶의 불평등을 보여주는 역사이다. 왜곡된 세계의 경제 질서, 인간 공동체의 파괴는 궁극적으로 인류 역사의 비인간적이고 이기적인 욕망에 의해 이루어진 결과물이다.

산업혁명이 이루어진 이래 인간은 오직 기업적 이윤에만 사로잡혀서 지구를 정복하고 재형성하려는 욕망과 이기적 삶을 지속해 왔다. 또한 식민주의와 제국주의로 인한 토착민과 원주민에 대한 착취와 노예제, 인종 차별적 억압을 계속해 왔다. 서구 사회를 지배하고 있는 이런 불평등과 착취의 역사가 오늘의 기후 위기로 귀결되면서 인간의 삶을 더욱 힘들고 어렵게 만들어가고 있는 것이다. 갈수록 인간의 욕구와 소비는 엄청나게 증가하고 있지만, 물건을 만지고 소통하면서 자각하는 만족감은 드물다. 인간은 자신이 몸을 갖고 태어난 이유를 확인하는 삶을 멈추었다. 컴퓨터, TV, 휴대폰, 그 어느 때보다 휘황찬란한 불빛으로 둘러싸여 있지만 이들은 모두 생존을 위한 것일 뿐이다. 인간의 삶은 생족을 위해 발버둥쳐야 하는 필요의 사슬에 얽매이게 되었다. 기계로부터 수동적 소비자가 된 인간은 삶과 생존을 분간하는 능력조차 상실하게 되었다. 이런 사회에서는 인간의 감정과 생기는 사라지고 모든 것이 목적을 추구하며 만족과 기쁨을 얻을 수 있는 사물에만 의존한다.

오늘날의 환경과 생태 위기는 모두 지난 몇백 년 사이의 '거대한 가속great acceleration'이 환경 위기를 한층 빠른 속도로 부채질해 온 것이다. 실상 그 위기의 씨앗은 인류의 물질과 과학기술에 대한 맹신이 가져온 것이고, 우리는 이런 삶의 태도가 인간 삶의 최고봉이라고 믿도록 세뇌당해 왔다. 아무리 빠른 열차도 언젠가는 멈출 수 있겠지만, 열차의 속도에 심취하여 그것을 멈춰 세워야 한다는 생각을 못하는 것이 오늘날 사람들의 삶의 방식이다. 자본주의와 과학기술의 삶은 달리는 열차 안에서 끊임없이 새로운 욕망과 야심을 강요하고 독려한다. 그것이야말로 인간의 생존 근거이고 존재 이유라고 주장하면서 인간을 끝없는 무한경쟁으로 이끌고 간다. 삶의 정신과 문화는 이런 무한경쟁과 차별화를 내면화시키는 제도적 장치로 작동한다. 이런 맹목적인 질주의 결과로 인해 인간은 갈수록 이기적으로 되어 비인간화 되어 간다. 때로는 달리는 열차를 멈출 수 있는 힘, 인간과 세상을 멈출 수 있는 희망으로 우리는 절망을 이겨내어야 한다.

우주에서 바라보면 이 지구는 하나의 작은 섬에 불과하다. '그래도' 그 섬에서 사랑의 불을 꺼뜨리지 않고 살아가는 사람들이 있다. 갈수록 삶의 현실은 고단하고 힘겹다. 어두운 밤길 돌부리에 걸려, 혹은 달리는 열차에서 쉽게 내릴 수도 없이 그냥 앞으로만 이끌려간다. 힘들고 고통스럽지만 '그래도'에 기대어 살아왔다. 누군가의 손에 이끌려 여기까지 온 이제 더 힘없는 사람들의 손을 맞잡고 함께 갈 수밖에 없다.

　　가장 낮은 곳에
　　젖은 낙엽보다 더 낮은 곳에
　　그래도라는 섬이 있다
　　그래도 살아가는 사람들
　　그래도 사랑의 불을 꺼뜨리지 않는 사람들

세상에서 가장 아름다운 섬, 그래도

― 김승희, 「그래도라는 섬이 있다」 일부

『육두구의 저주』는 시종일관 이 지구상에서 가난한 자, 쫓겨난 자, 고난받는 자, 차별받는 자의 입장에 서고자 하는 도덕적 인식을 보여주고 있다. 그리하여 과학기술과 물질의 우수성에 대해 뼛속 깊이 세뇌된 비인간적 사고에서 벗어나는 거야말로 인간다운 삶과 세상을 만드는 길이라는 사실을 우리에게 일깨워준다. 그것이야말로 인간과 인간, 인간과 자연, 인간과 세상의 관계를 새롭게 복원하는 길이다. 인간과 자연과 세계와의 공동체적 삶을 위한 인식 없이 우리는 지구의 재앙으로부터 자유로울 수 없다. 자연의 소리에 귀 기울이며 자연과 더불어 살아갈 때에야 우리가 당면한 삶의 위기는 해결될 수 있다.

빛과 그늘

　유난히 덥고 지루한 여름이 계속된다. 사람들은 이 여름이 언제 끝날지 걱정이 이만저만이 아니다. 다행히 말복이 지나고 나니 더위도 조금씩 주춤해지는 듯하다. 오랫동안 지독한 더위와 뜨거운 태양에 지치다 보니 사람들은 빛에만 익숙해지게 되었다. 그늘이 없었다면 이 강렬한 빛 속에서 어떻게 살아남을 수 있었을까.

　우리는 상반된 양면의 세계 속에서 살아간다. 슬픔과 기쁨, 희망과 절망, 정신과 육체라는 서로 다른 세계에서 살아가는 것이 인간이다. 이 상반된 세계는 서로 다르면서도 등가의 의미를 지닌다. 인생이라는 그림은 씨줄과 날줄이 서로 얽혀 동체인 것처럼 공존하고 있다. 빛과 그늘도 마찬가지다. 어린 시절에는 어두운 방에 들어와 불을 켜면 금세 어둡던 온 방이 환해지는 것이 신기하기만 했다. 그때는 빛이 있는 곳에는 어둠이나 그늘이 없다는 생각이 들었다. 그러나 빛이 비치어도 어둠은 빛 뒤에 자리하고 있다는 것을 나중에야 알게 되었다.

빛과 그늘은 언제나 공존하고 있지만 사람들은 애써 빛이 있는 쪽으로만 모여든다. 인간은 빛이 되기를 원하지만 그늘이 되기를 원하지 않는다. 사람들은 빛은 행복이요, 그늘은 고통이라고 생각하기 때문이다. 사랑해서 행복할 때도 있지만 그 사랑 때문에 불행해지는 경우도 있다. 사람들은 빛이 되어 자신을 드러내고자 하지만 그늘에 감추어지기를 바라지 않는다. 그렇다면 이 세상에 빛만 소중하고 그늘은 필요 없는 것일까.

삶에는 언제나 빛과 그늘이 함께 있다. 빛이 있으면 그늘이 있고, 그늘이 있으면 빛이 있다. 누구에게든 빛만 계속되거나 어둠만 계속되는 경우는 없다. 빛이 지나고 나면 어둠이 나타나고 어둠이 걷히고 나면 또 빛이 나타나는 것이 인생이다. 빛과 어둠을 현명하게 받아들이고 극복한다는 것은 삶을 올바르게 사는 거와 다를 바 없다.

빛이란 눈앞에 쉽게 보이고 그늘은 눈앞에 쉽게 보이지 않는다. 그렇지만 삶에서 눈앞에 직접 보이는 것들을 넘어서 보이지 않는 것들을 이해하는 것은 중요하다. 우리는 언제나 눈앞에 직접 보이는 것을 중요하게 여기고 보이지 않는 것은 하찮게 생각한다. 하지만 눈앞에서 보이는 것은 물론 보이지 않는 이면에서 작동하고 있는 또 다른 세계를 바라보고 이해하는 것은 중요한 일이다. 태양 뒤에 감추어진 달의 모습, 낮의 시간 뒤에 다가오는 밤의 시간을 안다는 것은 더욱 중요하다. 사람들은 일과 만남으로 가득한 낮의 시간만을 중요하게 여기지만, 고요와 휴식이 존재하는 밤의 고요와 휴식의 소중함을 알지 못한다. 태양 뒤에 감추어진 달의 모습을, 낮의 시간 뒤에 나타나는 밤의 시간을 소중하게 여길 수 있어야 하는 것이다. 만남과 생성의 시간도 중요하지만 헤어짐과 소멸의 시간도 똑같이 귀중하다.

 빛과 그늘에는 경계가 없다. 사소한 사물에도 빛이 있고 심오한 인생에도 그늘이 있다. 빛과 그늘은 다투지 않는다. 인간이 다툴 뿐이다. 빛과 그늘 사이에는 더 나은 것도 더 아름다운 것도 없다. 숲속에 서 있는 나무들이 아름다운 것은 빛과 그늘을 함께 안고 있기 때문이다. 때로 빛과 그늘의 경계에서 어디로 가야 할지를 고민하지만, 빛은 빛대로 선명하고 그늘은 그늘대로 안온하다.

빛과 어둠에 대한 인식의 중요성은 예술에 있어서도 마찬가지였다. 인류역사상 최초로 인간에게 빛의 의미를 던진 시기는 르네상스 예술에서 나타난 '자유분방한 예술적 독창성'에 의해서이다. 이 빛나는 독창성이야말로 레오나르도 다빈치의 예술세계를 가능케 한 결정적 계기이다. 다빈치의 미술 기법 중에 스푸마토sfumato 기법은 그림에서 빛과 그늘의 점차적인 변화를 이용해 형태에 미묘한 입체감을 주는 방식이다. 어둠에서 빛으로 미묘한 색조 변화를 일으켜 뚜렷한 윤곽을 없애는 이 방법이 낳은 걸작이 다빈치의 〈모나리자〉이다.

네덜란드 황금시대의 유명한 화가 렘브란트는 빛과 어둠을 극적으로 배합하는 기법을 사용하여 〈야경〉과 같은 수많은 걸작을 그렸고 지금까지 최고의 미술사적 명성을 얻고 있다. 그는 빛과 어둠의 구성요소를 미술에 도입하여 이 세상과 인간에 대한 숭고한 의식과 정신을 미술작품으로 만들어 내었다. 렘브란트의 위대함은 자기만의 빛과 그늘을 창조한 데 있었다. 렘브란트에게 대상의 모든 특성은 빛과 그늘로 환치되었다. 그가 보기에 빛과 그늘은 생명의 흐름이자 영혼의 질감이었다. 무수한

선과 명암의 섬세한 교차를 통해서 렘브란트는 깊은 인간 정신을 창조해 내었다.

 화가 모네는 세상 모든 물상物象은 빛으로 드러난다고 생각하고, 이 빛으로 수련을 그려 우리를 미의 세계로 흠뻑 빠져들게 했다. 그는 "돌 하나도 빛에 따라 형상이 완전히 달라진다"라고 했다. 모네의 정원에서 '수련'들이 평온하게 떠 있는 연못을 바라보면, 마치 모네의 그림 속에 들어온 듯한 착각을 느끼게 된다. 물결이 일렁일 때마다 빛이 반사되며 색이 끊임없이 변하는 이 연못은, 모네가 빛과 색을 어떻게 해석했는지를 직접 체험할 수 있는 곳이다. 예술에서 빛과 그늘을 이해하는 것은 우리 삶의 빛과 그늘을 이해하는 것과 다르지 않다.

 햇살이 강렬할수록 사람들은 빛을 피해 그늘을 찾는다. 지금 이 시간에도 빛은 전진하고 그늘은 그 뒤를 따르지만, 빛에 지친 사람들은 그늘로 찾아든다. 밤이 없는 낮이 존재할 수 없듯이 그늘 없는 빛은 의미가 없다. 누군가의 그늘이 되어보라. 꼭 이 세상의 빛이 되려하기보다 누군가의 그늘이 되어 바라보는 세상은 훨씬 아름답게 보일 것이다. 검은 바탕에서 흰 바탕의 빛을 창조하려면 먼저 그늘진 어둠을 생각해야 한다. 흰 바탕은 빛으로 채워진 밝음의 공간이기 때문에 그 속에 한 줄기 빛을 낳기 위해서는 어둠이 먼저 채워져야 하는 것이다.

빛과 그늘이 하나라는 사실을 안다는 것은 서로에게 이 둘이 얼마나 소중한 존재인가를 아는 것이다. 빛과 그늘의 소중함을 깊이 깨닫고 있는 사람이야말로 이 세상에서 많은 사람이 겪고 있는 아픔과 슬픔을 함께 할 수 있는 사람이다. 숲속 나무 그늘에 앉아 반짝이는 빛을 바라보면 세상의 진정한 음양의 아름다움을 느낄 수 있다.

한더위를 식혀주는 숲속 나무와 같이 누군가의 그늘이 되어 보라. 그러면 이 세상은 더 아름답고 살만한 곳이 될 것이다. 아침에 반짝이며 다가온 빛이 지난밤의 그늘을 쫓아내기 시작한다. 그늘은 시원한 공기를 골짜기에 남겨 두고 사라진다. 빛은 그늘이 남긴 공기를 가슴에 품는다. 나는 이 세상에서 어떤 빛과 그늘이 될 수 있을까.

제우스의 수염

아침부터 거울 앞에서 열심히 면도를 한다. 거의 매일 같이 왜 수염을 부지런히 정리해야 하는지 이유를 알 수가 없지만 오늘도 수염을 깎는다. 수염이 빨리 자라는 사람은 수염과의 전투를 치열하게 벌여야 하기 때문에 신경을 쓸 수밖에 없고, 수염이 드문드문 느리게 자라나는 사람은 수염이 빠르고 고르게 잘 자라나는 사람을 부러워한다.

어느 경우이든, 수염에 관한 한 남성들은 부모로부터 물려받은 신체의 일부를 멋대로 다룬다는 불효를 벗어나기 힘들다. 공자는 효에 대한 가장 중요한 행위 중의 하나가 '신체발부 수지부모 身體髮膚 受之父母'라고 했기 때문이다. 몸과 신체의 털 하나까지도 부모로부터 물려받은 것이니 함부로 훼손하고 상처 나게 하지 않는 것이 효의 시작이라는 뜻이다.

젖가슴이 여성적 관념의 상징이듯이, 수염은 남성적 관념의 권위나 권력의 상징으로 여겨진다. 고대로부터 신들은 모두 멋진 수염을 기르고 생식과 풍요의 상징으로 숭배받았다. 그리스 신화의 제우스, 북구 신화의 오딘 같이 신들은 모두 멋진 수염을 지니고 있다. 또한 이집트 신화의 오시리스는 빛나는 보석으로 된 긴 수염을 가지고 있었고, 신과 동격으로 인정받은 파라오들도 투탕카멘의 '황금 마스크'에서와 같은 수염을 가지고 있었다.

제우스는 알려진 것처럼 세상을 지배하고 통치하는 신이었다. 신과 인간의 아버지로서 모든 권력을 주거나 빼앗는 자이며, 사회의 질서를 유지하고 국가의 재앙을 막는 위력을 가지고 있는 신이었다. 제우스의 더부룩하게 늘어진 수염은 최고 신으로서의 위엄과 권위를 여실히 보여준다. 그래서인지 제우스는 바람둥이 신으로 바람을 피워서 많은 자녀를 두었다는 것은 유명하다. 그리스 시인 호메로스는 제우스의 아내 헤라의 질투를 즐겨 다루었다. 제우스는 여러 인간 여인이나 님프와 관계를 맺었고, 그때마다 헤라는 남편의 애인들에게 복수를 했다. 제우스의 멋진 수염도 헤라에게 수없이 뽑히며 수난을 겪었을 것이다. 유대인, 터키인, 페르시아인 사이에서 수염은 남성적인 권위의 상징으로 수염을 함부로 깎는 것은 치명적인 모욕이었다. 그래서 수염을 잡아뽑는 것은 물론 만지는 것조차 더없는 모욕 행위로 여겼다.

 수염을 기르고 깎는 데에는 철칙이 있다. 수염을 열심히 잘 길러 훌륭히 관리하면 부지런하고 멋있는 사람 취급을 받지만, 면도를 깔끔히 하지 않고 수염이 듬성듬성 자라있으면 왠지 불결하거나 게으른 사람 취급을 받는다. 또한 수염을 멋있게 잘 기르는 것은 나름대로 개성적이거나 주관이 분명한 사람으로 여겨지지만, 반면 수염을 언제나 잘 자르고 말쑥하게 차린 사람은 왠지 획일적이고 체제 순응적인 사람으로 보기도 한다. 서양인들에게 수염은 자유분방함의 상징으로 보이지만, 동양인들에게는 수염이 권위의 상징으로 보인다.

 이렇게 수염은 외모의 어떤 특징적 이미지를 통해 상징적 인물상을 부여한다. 아돌프 히틀러의 콧수염은 독선적이고 전제적인 사람을 상징하게 되었다. 히틀러와 유사한 채플린의 콧수염은 다른 의미와 특징을 보여준다. 채플린은 어려운 환경에서도 세상에 웃음과 희망을 전파하는 배우가 되었지만, 히틀러는 예술가 출신이면서도 사람들을 절망과 공포의 광기를 불어넣는 정치가가 되었다. 히틀러는 특히 채플린의 콧수염을 유독 싫어했다고 한다. 채플린의 첫 유성영화 〈위대한 독재자〉는 히틀러를 풍자한 작품이다. 두 사람은 수염만 두고 보면 너무 닮았지만, 상이한 인생을 산 사람이다.

정치가들은 흔히 수염을 통하여 자신의 위엄과 품위를 강조하고자 했다. 마르크스와 레닌, 트로츠키, 스탈린, 호찌민 등 사회주의 혁명 지도자의 대부분이 특징적인 수염으로 눈에 띈다. 링컨은 50세까지 수염을 단 한 번도 기른 적이 없었지만, 인상이 험악해 보이니 수염을 기르면 괜찮을 것 같다는 주변의 충고를 받고 수염을 기르기 시작했고, 그 후부터 정치적 지지도가 올라갔다는 일화도 있다. 수염이라는 자신의 외모를 통하여 정치적 권위를 세우고자 한 것은 정치가들에게 가장 심했던 것 같다. 다른 면에서와 같이 그만큼 정치가들의 수염에는 위선과 가식이 숨어 있는 것이 아닌지 모르겠다.

턱수염은 흔히 저항과 독립을 상징한다. 그래서인지 반항적 유행을 따르는 젊은이들은 거친 저항가나 모험가처럼 턱수염을 기르고 싶어 한다. 턱수염이 수북한 혁명가 체 게바라는 "혁명은 탈색되고 이미지로만 남았다."는 수사대로 턱수염이 더부룩한 그의 얼굴은 지구촌 어딜 가나 담벼락 벽화에 그려진 신화적 초상이 됐다. 젊은 시절, 혁명가 게바라의 이미지를 흉내 내며 턱수염을 기른 친구들이 한둘이었던가. 인생과 세상에 저항하며 데모를 일삼던 친구들은 모두 역사 속으로 떠나고 이제 화염병의 희미한 추억만 남았다.

철학자와 예술가들에게도 수염은 중시되었다. 흰 수염이 뺨 밑을 감싼 소크라테스의 수염은 고대 그리스 시대부터 수염이 지성의 상징으로서 숭상받게 했고, 사람들은 이를 본받아서 로마의 시인 페르시우스 플랙스도 '수염 선생'이라고 불리며 수염을 길렀다. 초서의 『캔터베리 이야기』의 남성 순례자 대부분은 그 용모가 수염에 의해서 신선하게 보이게 되었다. 또한 『유토피아』를 쓴 토머스 모어는 처형대 앞에서 수염을 손질해서 수염의 명예를 강조했다.

작가들 중에서도 도스토옙스키, 롱펠로, 톨스토이, 헤밍웨이, 입센의 수염은 특별한 사랑을 받았다. 그중에서도 가장 돋보이는 수염은 단연 톨스토이의 수염이다. 톨스토이의 턱수염은 가장 수려한 수염 가운데 하나가 되었다. 당시에는 그렇게 긴 턱수염을 기르는 것이 정부의 수염 정책에 대한 반항의 표시이기도 했다. 톨스토이는 복장도 언제나 소박한 농민복을 걸치고 있어 당시 세간에 상당한 영향을 주었다. 형형하게 빛나는 눈동자와 그의 인간주의 문학의 정신은 멋진 수염 속에서 빛났다. 청년 톨스토이는 자신의 못난 얼굴에 대해 항상 열등감을 지니고 있었다. 일생 외모에 대한 어떤 풍자도 그에게는 불쾌한 일이었다. 그의 번민은 한 번이라도 "넓은 코와 두툼한 입술, 작은 잿빛 눈을 가진 인간이 되어 세속적 행복을 누릴 수 있을까."라는 것이었다. 이 때문에 톨스토이는 자신의 모자라는 용모를 검은 수염의 가면 뒤에 숨겨놓고자 하는 욕망을 지니고 산지도 모른다.

우리 옛 선비들의 수염도 서양인들에 결코 모자라지 않는다. 옛날 우리 선비들은 수염으로 가부장적 위엄을 뽐내었지만, 국보 240호로 지정된 공재 윤두서의 〈자화상〉에서의 수염은 우리를 압도한다. 〈자화상〉에서는 사람의 마음을 꿰뚫어 보는 듯한 강렬한 눈빛, 꽉 다문 입술은 살아 움직인다. 여기에 이글이글 타오르는 듯 꿈틀거리는 수염은 너무나 사실적이어서 한참동안 바라보고 있으면 무서운 느낌마저 든다. 볼은 통통하고 수염은 터럭 한 올 한 올까지 세밀하게 표현되어 세상과 자신을 정시하며 진실한 인간의 모습이 무엇인가를 성찰하는 듯하다.

수염을 쉽게 기르는 용기를 갖지도 못하고, 그렇다고 매일 아침 깔끔히 깎는 부지런함도 지니지 못하는 자신을 바라보면서, 왜 이런 하찮고 의미 없어 보이는 일에 매달려야 하느냐는 번뇌가 절로 생긴다. 또한 인생에서 특별히 의미 없는 일을 하면서 지나가는 시간에 안타까워하는 것은 얼마나 덧없는 일인가를 생각해 보게 된다. 그래서 밀란 쿤테라는 하찮고 무의미한 일을 해야 하는 것이 존재의 본질이고 세상은 '무의미의 축제'라고까지 한 것이 아닌가.

게바라같이 좌절된 혁명가의 수염도, 톨스토이같이 형형한 예술가의 수염도 가지지 못한 채 수염 깎기에 평생을 매달려 온 삶이 부질없는 것은 아니었던가 라는 생각을 다시 해보게 된다. 혹시 꿈속에서라도 제우스와 같은 수염을 휘날리며 세상을 호령할 수 있을까.

미타쿠예 오야신

 젊은 시절에 가장 큰 취미의 하나는 미국 서부영화를 관람하는 일이었다. 새로운 서부 영화가 나오기 바쁘게 극장으로 달려가서 영화를 보았다. 광활하게 펼쳐진 초원 위에서 일사불란하게 움직이는 미국군인, 괴성을 지르며 이에 맞서는 인디언들, 멋지게 시가를 물고 마을의 불의를 해결하는 정의의 총잡이들은 모두 멋있게만 보였다.

 그런데 미국에 대해서는 무언가를 잘 알고 있는 것 같았지만, 실제로 그들이 살고 있는 땅인 아메리카의 역사에 대해선 거의 모른 채 지나왔다. 더우기 그 땅에 살고 있던 원래의 주인인 원주민 인디언에 대해서는 훨씬 나중에서야 책과 영화를 통해 알게 되었다. '인디언'이란 용어부터 백인의 관점에서 나온 오류라는 인식도 거의 하지 못하고 있었다. 원래는 그들은 인디언이 아니라, '아메리카 토착민'이나 '아메리카 원주민'으로 불러야 마땅하다. '인디언'이라는 말은 콜럼버스가 자신이 도착한 곳이 인도인 줄 알고 원주민들에게 붙인 이름이었다.

우리에게 '인디언'이라고 하면, 서부영화에서 주로 주인공으로 나오던 백인들에 맞서던 인디언들의 모습만 연상한다. 그래서 의식 속에는 백인들이 원주민들보다 착한 존재이고, 원주민의 문화보다 백인의 문화가 우월하다는 인식이 오랫동안 선입견으로 자리하고 있었다. 그럴 수밖에 없는 것이 인디언이 주인공인 영화를 볼 수도 없었고, 또 인디언의 관점에서 그들의 삶과 문화를 이해할 수 있는 책들을 보기도 힘들었기 때문이다.

이 세상에는 3,000개가 넘는 언어가 존재한다. 모든 언어는 독특한 발음과 어법을 지니고 있다. 이 언어들은 당연히 저마다 다른 인사말도 가지고 있다. 누군가에게 인사를 할 때, 한국어는 '안녕', 영어는 '헬로', 중국에서는 '니 하오'라고 말한다. 인디언 언어에서는 '미타쿠예 오야신'이 그들이 사용하는 인사말이다. 이 말은 "우리는 서로 연결되어 있다"는 의미를 지니고 있다. 혹은 "모두가 나의 친척이다"라는 뜻의 다코타 족 인디언들의 인사말이다. 간결하고 심오하게 우주에 대한 이해를 표현하면서 인디언들의 정신과 삶의 방식을 한마디로 잘 나타내 주는 말이다. 몇 글자밖에 안 되는 짧은 단어 속에 인간과 자연의 생명과 존재를 담고 있다. 눈에 보이는 것과 보이지 않는 것, 존재하는 모든 것들이 인디언들의 그 인사말 속에 포함되어 있다. 개인적 욕망과 이기심으로 갈라지고 흩어진 현대인들의 삶의 상황을 생각하면, '미타쿠예 오야신'은 생각할수록 아름다우면서 경건한 인사말이다.

세상의 언어 중에서 인디언의 언어는 가장 시적詩的이다. 말 한마디 한마디에는 문학적 은유와 상징을 담고 있다. 그들에게 '나무'는 "서 있는 키 큰 친구"라는 의미를 지니고 있는가 하면, '친구'는 "나의 슬픔을 대신 등에 지고 가는 사람"이라는 의미다. 우리말에서 '친구'의 사전적 의미는 그냥 "가깝게 오래 사귄 사람이다."는 뜻이지만, 인디언들은 진정한 친구란 "내 슬픔을 등에 지고 함께 가는 자"라고 했다. 내 슬픔을 등에 지고 함께 가는 자가 바로 나의 친구이다. 나 또한 친구의 슬픔을 함께 등에 지고 가므로 친구가 되는 것이다. 이야말로 단순한 문자가 아니라 가슴에서 우러나오는 친구의 진정한 의미가 아니겠는가.

인디언 언어에는 자연과 공존하고자 하는 그들의 겸손하고 경건한 삶의 태도가 담겨 있다. 인디언들은 자연과 함께 생명을 가진 모두와 더불어 살고자 하고, 그런 존재들에 늘 감사했다. 서로 다름을 인정하며 공존하고 공생하고자 하는 것이 인디언들의 삶의 방식이었다.

그들이 지닌 이름도 마찬가지다. 영화 〈늑대와 춤을〉에서 보이듯이 인디언들은 우리와는 전혀 다른 작명법을 쓴다. '늑대와 춤을' '두 개의 죽음', '발로 차는 새', '머리 속의 바람', '열 마리 곰', '주먹 쥐고 일어서', '헤픈 웃음' 등과 같은 식이다. 이름이 시적이라는 인상은 물론이거니와 그 이름들 속에는 아버지의 성이 존재하지 않는다는 것도 특이하다. 이는 인디언 문화가 우리와는 전혀 다른 문화적 기반에 서 있다는 것을 보여준다. 인디언 문화는 가부장제적 관계에 의해 이루어지는 것이 아니라 공동체적이며 민주적 문화를 보여준다. 아버지의 성을 물려받지 않은 대신 인디언 문화는 자연이라는 어머니의 품 안에서 생기게 된다.

인디언 문화는 사람들의 이름을 자연 속에서 구하는 데에서 나타나듯이, 자연과 일체가 된 삶의 방식에서 나온다. 인디언들은 자연과 인간을 구분하지 않고 인간은 언제나 자연과 함께 살아가야 한다는 자연중심주의적 삶의 방식을 갖고 있다. 인간의 삶은 자연과 하나가 되는 가운데 진정한 생명을 얻을 수 있게 되는 것이다. 바람이 불고 비가 내리고 꽃이 피고 지는 자연은 인간이 함부로 할 수 없는 신성한 것이었다. 자연을 경건하게 대하는 인디언은 자연을 함부로 대하지도 않고 매일 대하는 부모들만큼 공손하게 생각했다. 인디언들에게는 자연이 아버지를 대신하는 존엄 그 자체이며 어머니 같은 자애로운 존재였다.

오늘날의 환경 운동가들은 아메리카 원주민들을 가장 위대한 생태주의자들이라고 부른다. 처음 북미 대륙에 도착한 백인들은 자신들의 사회를 문명화되고 발전된 사회로 여기고 인디언들의 사회는 원시적이고 야만적인 것으로 여겼다. 그러나 생명을 존중하고 자연과 함께 살아가는 원주민들을 바라보면서 "늙은 인디언들을 만나면 그들에게서 느껴지는 위엄 때문에 마치 한겨울의 숲 속을 산책하는 기분이 든다."고 말했다. 북미 대륙에서 살아가던 아파치 족, 샤이엔 족, 라코타 족, 이로쿼이 족, 체로키 족, 오지브웨 족 등 수십 개의 큰 부족들이 가진 믿음은 "만물은 서로 연결되어 있다."는 것이었다. 동물과 자연, 타인, 나아가 때로는 적이기도 한 다른 부족을 대하는 마음 자세가 그들의 가슴 속에 담겨 있었다. 유럽의 백인들이 "신대륙을 발견했다"며 침입해 왔을 때 가장 이해하지 못한 사고방식이 그 것이었다. 백인들이 왔을 때 원주민들은 그 사고방식에 따라 그들을 받아들이고 가진 것을 나눠 주어 생존할 수 있도록 도왔다. 하지만 침입자들은 "내가 살기 위해서는 너를 죽여야 한다."는 생각으로 무방비 상태의 원주민들을 무자비하게 살륙했다.

자연 속 모든 생명은 인간이 마음대로 이용하거나 파괴할 수 있는 것이 아니다. 그들도 인간과 같은 존재이며 인간도 그들의 일부 분일 뿐이다. 이 지구가 보다 인간다운 삶을 살기 위해서는 자연과의 소통과 교감, 영혼의 존재에 대한 탐색을 게을리 해서는 안될 것이다. 전 세계적으로 질병과 전쟁과 자연재해가 휩쓸고 있는 이 지구는 조만간에 인간이 살 수 없는 황폐한 곳이 되고 말 것이라고 미래학자들은 진단한다. 이 지구를 조금이라도 온전하게 이끌어 갈 수 있는 길은 무엇일까. 인간과 인간, 자연과 인간이 서로 함께 사랑하며 살아가야 한다는 인디언의 삶의 태도를 간직한다면, 이 세상은 더 아름답고 평화로운 삶의 공간이 될 것이다. 갈수록 어둠 속으로 질주하고 있는 과학 기술의 시대에 살고 있는 우리가 대처할 수 있는 방법은 인디언들의 삶의 태도에서 인간만이 가질 수 있는 삶의 태도를 근본적으로 되돌아보면서 새로운 삶의 방식을 찾아야 한다는 것이다.

아메리카 인디언의 오랜 침묵의 목소리는 자연의 소리 없는 목소리와 다르지 않다. 인디언들의 목소리는 우리의 메마르고 각박한 삶에서 자연성을 회복할 수 있는 반드시 필요한 치료제와 같다. 우리는 그들로부터 잃어버린 삶의 방식을 배워야 한다. 자연에서 태어나 자연의 품으로 돌아간 아메리카 원주민들은 인간으로서 알아야 할 세상의 진리와 삶의 교훈을 이야기해준다. 또한 우리가 진정 누구이며 무엇을 잃고 살아가고 있는지, 잃어버린 삶의 방식을 어떻게 회복하고 어떻게 살아야 할 것인지를 가르치고 있다.

사랑의 이름으로

　사랑이 없는 삶을 상상할 수 있을까? 숲과 바다가 없는 지구를 상상할 수 없듯이, 불화와 갈등과 징벌만 우글대는 세상이 존재할 수 있을까? 이 세상이 아무리 적의와 환멸로 가득 찬 것이라고 해도 어디에선가 사랑은 존재한다. 세속적 표현대로 사람은 저마다 '사랑'을 먹고 산다. 연인들 사이, 가족들 사이, 사회에서도 '사랑'은 삶을 영위하는 가장 중요한 요소이다.
　그렇다면 대체 사랑이란 무엇인가. 어떤 사람이나 존재를 아끼고 귀중히 여기는 마음이나 사물과 대상을 소중히 여기거나 즐기는 마음에 불과한 것인가. 사랑이란 우리가 사용하는 가장 흔하고 보편적인 개념이지만 이 용어만큼 쉽게 정의할 수 없는 단어도 흔치 않다. 실제 사랑이란 인간의 근원적인 내면의 감정으로 인간적인 가치와 정서를 교환할 수 있게 하는 힘을 말한다. 그러면서 사랑의 정의를 위한 답으로 온갖 좋은 느낌만을 열거하는 사람들이 많지만 사랑은 강한 긍정적 감정뿐 아니라 그리움이나 안타까움과 같은 강한 부정적 감정까지 망라한다. 긍정적이든 부정적이든 사랑은 인간에게 가장 근원적인 생명의 원리로서 흡사 나무의 뿌리나 밑동 같은 감정이라 할 수 있다.

사랑의 종류도 다양하기 이를 데 없다. 사랑을 생각할 때 먼저 떠올리게 되는 것은 부모와 자식 사이의 맹목적이며 헌신적인 사랑이다. 부모가 자식에게 베푸는 사랑이 그렇듯이, 이런 사랑은 지극히 일방적으로 희생적이며 헌신적인 사랑이어서 하느님이 불쌍한 인간에게 베푸는 그런 사랑과 같은 것이다. 사람들은 이런 사랑을 아가페적인 사랑이라고 부르고 있거니와, 이것은 상대방에 대한 조건 없는 배려와 이타심을 보여준다.

반면에 남자와 여자 사이의 정서적인 육체적인 감정을 드러내는 사랑이 있다. 이 에로스적인 사랑은 상대방에 대하여 강한 정서적 감정을 바탕으로 하는 것이 특징이다. 서로 신체적 매력에 이끌리며 강력하게 교감하고 자극을 해야 하는 관계를 원하기도 한다. 언제나 사랑을 위해 자신을 던질 준비가 되어 있고,

연인들이 만나 함께 삶을 영위하는 것이 중요한 가치라고 생각한다. 그 형태와 방식이 다양한 사랑을 이런 식으로 분류하는 것은 아무런 의미가 없는 것인지 모른다. 왜냐하면 본질적으로 사랑이란 인간을 위하여, 세상을 위하여, 우주를 위하여 열려 있는 마음이기 때문이다. 사랑이란 손수건과 같은 것이다. 손수건은 누군가 슬플 때 눈물을 닦아주고, 누군가 힘들 때 땀을 닦아주는 것이다. 사랑이란 그렇게 존재해야 한다.

인도 북부의 라다크 지역에서 바라본 사랑의 모습은 언제나 감동적이었다. 라다크 사람들에게는 풍요로운 물질도 삶의 이기를 위한 기술도 없다. 그들은 '나마스떼(안녕하세요)'라는 인사에 그저 씽끗 웃고 지나가지만, 그 미소 속에는 깊은 사랑이 담겨 있다. 라다크 사람들에게는 인간과 자연의 공존하는 사랑이 있었다. 이들은 따뜻한 미소와 삶에 대한 한없는 사랑과 마음의 평화, 이웃에 대한 따뜻한 배려로 충만한 사람들이다.

라다크인들에게 문명의 발달, 산업화와 도시화는 행복한 인생의 필요조건이 아니다. 경쟁의 원리 대신 상호부조와 연대의 원리가 작동하는 사회, 사람과 사람 사이의 연결망 속에서 개인의 이익과 공동의 이익이 상충 되지 않는 사회가 히말라야 속 작은 마을 라다크에서 이루어지고 있다. 비록 통밀빵 하나로 한 끼의 식사를 해결하고, 전기불 대신에 반딧불이의 불빛에 기대어 책을 읽고, 꼬장꼬장한 한 벌의 옷으로 살아가지만, 밝고 맑은 영혼을 가진 사람들이다. 그들은 결혼할 배우자를 선택할 때도 외모나 물질 따위를 보기보다는 그 내면이 얼마나 아름다운가를 살핀다. 그들이 많이 사용하는 속담은 "호랑이의 줄무늬는 바깥에 있고, 인간의 줄무늬는 안에 있다."는 것이다.

프랑스 철학자 알랭 바디우가 말하는 '사랑'은 항상 만남에서 시작된다. 그는 "사랑은 개인인 두 사람의 단순한 만남이나 폐쇄된 관계가 아니라 무언가를 구축해내는 것이고, 더 이상 하나의 관점이 아닌 둘에서 형성되는 하나의 삶이다."고 주장한다. 바디우는 남녀 간의 사랑이 진리를 생산하는 절차라고 단언하며 사랑에 대해 지극히 냉정한 성찰을 수행할 것을 촉구한다. 그것이 성적 차별을 넘어서서 새로운 진리를 생산할 수 있다고 설명한다. 진정한 사랑이 실종된 우리 시대에 바디우는 '사랑한다는 것'은 생명력 있는 모든 것과 더불어 '포획되는 것'이라고 말한다.

말하자면 사랑이란 플라톤의 이데아의 세계와 같은 일종의 정신적 도약을 위한 체험이다. "내가 어떤 아름다운 몸을 보면서 그저 감탄하는 중이라도 나는 아름다움에 대해 사유"하는 것이 된다. 플라톤의『향연』에 나타난 사랑의 의미는 훌륭한 삶의 방식을 추구하기 위한 것이며, 사랑의 목적은 불멸성을 얻는 데 있다는 것이다. 이는 곧 사랑이 자기중심적인 소유욕이라는 생각을 벗어나 보다 인격적이고 인간적인 측면을 강조하는 것이다. 사랑은 인간이 어떻게 살아야 하는가라는 삶의 본질적 의미를 가리키는 것이라고 할 수 있다. 이러한 보살핌과 가르침은 다분히 인간의 실존적 삶을 위한 교훈이라 하여도 지나치지 않다.

사랑은 아무런 대가 없이 자신을 완전히 내던지는 것이며, 우리의 사랑이 상대방에게서도 사랑을 불러일으킬 것이라는 희망에 근거한 것이다. 그렇듯이 사랑은 일종의 신념의 마음이며 신념이 없는 사람에게는 사랑도 없다. 사랑의 기술을 실천하기 위해서는 무엇보다 적극적인 활동을 해야 할 것이다. 활동이란 맹목적으로 무엇인가를 하는 것이 아니라 내적인 활동, 즉 감정과 정신의 생산적 활동을 뜻한다. 사랑은 그야말로 인간이 할 수 있는 최고의 정신적 활동이다. 만일 내가 누군가를 사랑하고 있다면 자신이 사랑하는 사람에 대해 끊임없이 적극적으로 관심을 두는 상태를 유지해야 한다. 그러할 때 이 삭막하고 암울한 세상을 아름답고 밝은 세상으로 만들 수 있게 하는 것, 지치고 힘든 사람을 북돋우어 인간답게 살아갈 수 있게 하는 것, 그것은 바로 사랑의 힘으로 가능할 수 있다.

　사랑한다는 것은 온갖 불화와 갈등을 넘어 세계와 존재에 생명력을 불어넣는 것이고, 이 세계에서 타자와 함께 나누는 행복의 원천이 되는 것이다. 마찬가지로 사랑에 의해 남성과 여성, 정신과 육체, 빛과 어둠이라는 이원론은 이항 대립이 아니고 유기적이며 통합적인 것이 된다. 이러한 인식은 바로 사물과 사건들의 통일성과 공동의 상호관계에 대한 깨달음에서 비롯되는 것이다. 모든 사물은 고립해서 존재하는 것이 아니고 존재가 대립하는 가운데 관계망을 구축하면서 통일된 세계를 만든다. 이러할 때 사랑은 세상에서 가장 아름답고 소중한 것이며 모든 것을 초월하여 삶의 근원이 되고 존재 이유가 된다. 또한 모든 것을 바라보며 견디게 하는 불가사의한 능력이 되며, 어떠한 환경의 불화와 갈등 속에서도 그 삶을 포기하지 않고 기다릴 수 있는 힘을 주게 된다.

5부

킬리만자로의 눈

파타고니아 가는 길
룽타는 바람에 날리고
아웃 오브 아프리카
킬리만자로의 눈
영원한 혁명가
삼바의 추억

파타고니아 가는 길

　파타고니아 가는 길은 길고도 멀었다. 한국에서 비행기를 네 번씩이나 갈아타고 마침내 당도한 지구의 남쪽 끝자락, 그곳에서도 지상의 마지막 풍경인 양 슬픈 노을이 서산마루에 걸려 있었다. 먼 길을 날아온 나그네를 반겨주듯 작은 시골 공항에 도착하면서부터 깨끗한 공기와 강, 끝없이 푸른 하늘은 경탄을 자아내게 했다. 가슴 벅찬 만남도 아픈 이별도 해본 적 없는 그저 오래된 땅이 이방인을 맞아주었다.

　파타고니아는 남아메리카 최남단에 위치하며 아르헨티나와 칠레에 걸쳐 있다. 남극 대륙과 일부 섬을 제외하고 지구상에서 가장 남쪽에 있는 지역이다. 북부 파타고니아는 여름에는 덥지만 온대 기후와 추운 건조 기후가 혼재한다. 반면 서부에는 안데스산맥의 끝자락이 지나가며 수많은 빙하와 호수가 자리 잡고 있어 비경을 이룬다. 이곳에 있는 피츠로이산은 세계에서 손꼽히는 험하고 아름다운 봉우리로 이루어져 있어 불과 얼마 전까지만 해도 여행객들은 물론 도시 문명의 접근이 허락되지 않은 곳이었다. 그저 상상 속에서 문학작품이나 영화의 배경으로나 등장하는 지역이었다.

몇 해 전 알래스카의 북극 지역을 여행하면서도 그랬듯이, 내가 파타고니아에 간 이유는 이 지구의 남극 지역에서 인간이 머물 수 있는 마지막 삶의 환경이 어떤 곳일까를 확인하기 위함이었다. 파타고니아에서 넓디넓은 호수를 바라보고 있으니 넉넉히 품어주는 자연에서 사유할 때 인간의 내면은 더욱 깊어지고 평온해 옴을 느낀다. 잔잔히 일렁이는 물결 위로 세속과 탈속의 경계가 파문 지고 있었다. 어디서나 자연의 길은 평화롭고 안온하지만, 인간의 길은 험난하고 불안하기만 했다.

파타고니아 가는 길은 신이 만든 길이었다. 신은 땅과 하늘을 만들고 인간을 신의 길로 이끌고 가고자 하지만 인간은 자꾸 타락한 길로 나아가고 있다. 파타고니아 길을 걸으면서 나에게는 계속 이런 질문이 떠올랐다. 인간은 이 세상에서 자연과 어떻게 더불어 살아야 하는가? 이 지구상에서 사람이 삶을 영위하는 올바른 방식은 과연 어떠해야 하는가? 자연과 인간이 공생을 이루는 생태적 태도만이 삶의 터전을 보존하고 삶의 질을 높일 수 있는 길이 아닐까. 어디서나 자연과 인간의 질서가 온전히 작동하고 건강하게 유지되어야 이 지구는 건강하게 영위될 수 있을 것이지만 지금 삶의 상황은 그 반대로 나아가고 있다.

생존을 위한 먹이 사슬의 체계에서도 모든 생명체가 서로 유기적으로 작용해야 생명은 대등하게 존재할 수 있다. 그러나 인간이 모든 것을 독식하고 독점해야만 한다는 그릇된 인간중심주의의 욕심이 이 지구를 위기로 몰아가고 있다. 인간은 생태계의 질서를 교란하면서 삶의 터전을 위기로 몰아가는 주범이라고 할 수 있다. 한때 지상의 낙원같이 고요와 평화를 지녔던 파타고니아 지역도 과거에는 울창한 숲이었다.

오늘날 지구에서 살아가면서도 '지구의 허파'라고 불리는 아마존 열대우림이 대규모로 훼손되고 있으며 결국 지구 전체가 위기에 처하게 될 것이라는 사실을 두려워하는 사람은 드물다. 지구 남쪽 편에 있는 숲이 함부로 벌목되는 것을 바라보며 걱정하는 사람도 많지 않다. 사람들은 집을 짓고 함께 모여 살고 있지만, 언제나 인간은 욕망과 이기심에 의해 자신들이 이룬 역사와 문명을 배반하며 스스로 자멸해 왔다.

거대한 석상(모아이)이 한때의 영광을 말해주는 칠레의 이스터섬도 과거에는 울창한 숲으로 이루어져 있었다. 뜨거운 사막에서 쏟아져 나온 검은 기름은 이곳이 삼림 지역이었다는 사실을 잘 말해준다. 섬에서 나무가 모두 사라지자 카누마저 만들 수 없게 되었고, 카누가 없으니 이스터섬은 배 한 척 없는 고립무원의 섬이 되고 말았다. 숲과 나무가 사라지자 섬 전체가 사막화되어 가축도 사라지고 농사마저도 짓기 힘들게 되었다. 이곳에서 생활하던 정착민과 외부에서 들여온 이주민들 사이에는 이른바 '긴 귀'와 '짧은 귀' 부족 사이의 패권 다툼이 일어나고 이스터섬은 몰락하게 되었다. 인류학자들에 의하면 이스터섬의 역사는 "사라진 문명의 역사도 아니고 신비한 어떤 것도 아니며, 인간사회가 환경에 의존한다는 사실과 돌이킬 수 없이 환경을 파괴하면 어떻게 되는지를 보여 주는 섬뜩한 사례에 다름아니다." 몰락한 이스터섬의 역사는 몇 개의 돌덩이로 남아 인간들의 헐벗은 다툼과 몰락의 흔적을 보여줄 뿐이다.

인간은 비극적 인류의 상황을 앞세대 탓으로 돌리면서 현재의 자신을 되돌아보지 않는다. 자신들이 지구상에서 전지전능한 지위를 누리면서 개인은 개인대로 집단은 집단대로 기업은 기업대로 재앙의 불씨를 키워가고 있다. 파타고니아를 브랜드화한 '파타고니아'라는 의류 기업이 있다. 이 기업은 이익 추구보다 환경보호를 우선으로 한다며 "우리는 삶의 터전, 지구를 되살리기 위해 사업을 한다."라는 구호를 내세운다. 그러나 기업이 어찌 그 절대 선善인 이윤 창출 없이 존재할 수 있으며, 그들의 말대로 유기농 목화로 생산해 내는 의류들이 자연 파괴를 하지 않고 만들어질 수 있는 것인가. "이 재킷을 사지 마세요DON'T BUY THIS JACKET."라는 기업의 구호가 역설적으로 자신들의 제품을 사달라고 선전하는 것으로 들리는 것은 무슨 아이러니인가. 생명의 터전인 땅에 발 딛고 생명의 숨결을 향유하는 삶의 윤리는 어디에서도 찾아보기 힘들다.

  파타고니아는 남극, 그린란드에 이어 세계 세 번째의 산악빙하를 자랑하는 곳이다. 남부 파타고니아 지방에서 중요한 도시는 빙하 국립공원 탐사의 기점 도시 엘 칼라파테, 마젤란 해협에 위치하는 푼타아레나스, 그리고 땅끝 도시 우수아이아를 들 수 있다. 칼라파테에서 쩍쩍 빙벽이 갈라져 무너지는 소리를 들고 돌아온 날 나는 밤잠을 이룰 수 없었다. 빙벽이 갈라지며 무너져 내리는 것을 보며 사람들은 감탄의 소리를 질러댔지만, 나는 밤새 심장을 두드리는 징 소리를 들으며 악몽에 시달렸다. 태고로부터의 언어와 생명을 간직하던 빙벽은 이제 어쩔 수 없이 처절하게 무너져 내리고 있었다. 앞으로 저 빙벽들이 다 녹아내리면 이 지구는 어찌 될 것인가.

눈앞에서 빙벽은 자꾸 무너져 내렸다. 빙벽은 하루 2미터씩 전진하며 빌딩 크기의 빙산을 떨어뜨린다고 한다. 빙하가 녹아내리는 것은 전적으로 지구온난화 때문이다. 지구온난화는 전 세계적인 현상이지만 빙벽은 앞으로 나아가고 있고, 해수면은 위로 올라가면서 머잖아 빙벽은 다 갈라져 사라지게 될 것이다. 엘리뇨 현상이라 불리는 기상변화는 남극이 더 뜨거워져 해수면이 상승하고 빙벽이 붕괴하게 된다. 이 모든 것은 인간이 만든 자업자득이다. 이제는 남극에서 삶의 터전을 잃은 펭귄과 곰들도 모두 사라지게 될 것이고, 그다음은 인간의 차례가 될 것이 아닌가. 빙하를 바라보며 수심에 잠겨 있는 동안, 거대한 빙벽이 굉음을 내며 또 무너지고 있었다.

지구가 유빙流氷이 되어 서서히 죽음의 강을 향해 떠내려가는 것을 보면서도 인간은 조금도 두려워하지 않는다. 어디서나 말로만 '생태주의'를 내세우며 자연과 생명을 위한다는 인간의 위선과 가식은 지구를 점점 더 큰 위기의 나락으로 이끈다. 땅을 살리고 하늘을 오가는 철새를 모아 사람들을 시인의 마음으로 만들던 새만금의 다슬기와 지렁이와 억새들은 왜 모두 사라져야 했는가. 사람들은 갯벌에서, 강가에서, 들녘에서, 뿌리를 내리고 살아가는 작은 생명으로부터 생명의 질서와 순환을 느끼지 못한다. 정신과 영혼보다는 재물과 육체에만 몰두하는 사람들에게 인간과 자연의 조화로운 생태적 인식은 없다.

이제 우리가 무엇을 버리고 무엇을 얻어야 할지 알지 못한다. 자본주의와 기술문명에 깊게 세뇌된 사람들은 갈수록 온 힘을 다해 얻을 것만을 추구한다. 왜 우리는 현상만 바라보며 눈에 보이지 않는 진실을 생각하지 못하는가. 눈앞에서 빙산이 무너지는 것을 바라보면서 그것을 단순히 자연이 연출하는 구경거리로만 생각하는가. 그것이 곧 인간에게 다가올 재앙의 징후라는 생각을 하지 못하는 것인가. 사람들은 병들어 죽어가는 이 세상을 정말로 애달파하지도 않고 슬퍼하지도 않은 채로 함께 잠들어가고 있다.

파타고니아의 저물어가는 빙하 저 멀리 집을 잃은 펭귄과 곰들이 서성이고, 들판 너머로 한 무리의 새 떼가 어둠 속을 향해 날아가고 있었다. 저들은 어디로 가고 있을까. 이제 이 지구에서는 자신들이 안식할 곳이 없어서일까. 유빙으로 흐르는 빙산은 어디로 흘러가는가. 우리가 누릴 수 있는 이 지상의 날들은 얼마 남지 않았는지 모두 저렇게 떠나가는 것일까. 파타고니아는 텅 비어 가고 있었다. 모든 것을 버리고 비워야 살 수 있다는 듯이, 펭귄도 곰도 철새도 빙하도 떠나고 있다.

공항에서 비행기를 기다리며 하릴없이 생태 관련 서적을 뒤적여 본다. 인간은 생태를 이야기하면서 자연과 지구의 생태를 죽이고 있다. 지금도 세상 곳곳에서 쓸모없는 책들을 수없이 생산해 내면서 아마존 숲의 나무들을 수없이 죽여가고 있다. 이런 작은 실천 하나 이루지 못하면서 우리는 '생태주의'를 입버릇처럼 이야기한다. 나는 지구와 공생의 길을 걸어가기 위해 어떤 노력을 하고 있는가. 아무런 대답도 얻지 못한 채 파타고니아를 떠나야 하는 나그네의 발걸음은 내내 무겁기만 했다.

룽타는 바람에 날리고

 산봉우리 돌탑 군데군데에 룽타와 타르초가 거센 바람을 맞으며 어지럽게 날리고 있다. 만년설이 쌓인 봉우리를 바라보며 우기진 숲과 붉은 랄리구라스가 만개한 길을 지나 설산 아래까지 이어지는 길을 걷는다. 간혹 나타나는 마을과 마을 사이에서 보이는 지역 주민들과 간신히 이야기를 나누며 그들의 고달프지만 평화로운 삶을 들여다 본다. 끝없이 이어지는 산길에 몸은 고되어도 마음은 룽타처럼 나부끼며 갈 길을 재촉한다.

 룽타는 기도문이나 불교 경전을 오색의 천에 꿰어 다발로 묶어 놓은 일종의 만장挽章이다. 만장의 파랑색은 하늘, 노랑색은 땅, 빨강색은 불, 흰색은 구름, 초록은 대양을 나타낸다. 오색 천에 부처님의 경전을 써서 깃발로 세우고 바람에 날리는 것이다. 바람에 날리다 보면, 깃발에 적혀진 경전이 바람을 타고 세상에 두루 전해진다는 믿음이 있다. 아무도 살지 않은 깊은 산 오지와 언덕에 어김없이 있는 룽타를 내건 사람들의 마음은 무엇을 바라고 있는 것이었을까.

룽타는 한자로 '풍마'(風馬: 바람의 말)라는 의미를 지니고 있다. 바람에 펄럭일 때의 룽타 모습이 흡사 모진 바람을 향해서도 거침없이 달려가는 말의 형상을 하고 있기 때문인지 모른다. 부처님 말씀이 적힌 룽타가 바람에 흩날리면 그 위에 적힌 말씀이 '바람의 말'이 되어 세상 구석구석까지 날아가 그 뜻이 이뤄지리라는 믿음이 담겨 있다. 부처님의 경전뿐만 아니라 티베트 사람들은 소원을 적어 가족의 무병장수와 건강, 먼 길 떠난 가족의 무사 귀환을 빈다. 오색의 깃발은 세월의 풍화 속에서 하얗게 변해간다. 룽타 속에 천의 색깔이 퇴색될 정도가 되면 얼마나 많은 세월이 흘러 사람들의 소원도 바람과 함께 사라질 것이 아닌가.

부탄에서도 죽은 이를 위한 하얀색의 깃대를 볼 수 있다. 바람의 깃발이라고 하는 '타르초'다. 타르초는 우리 시골 마을 어귀의 솟대와 같은 모습으로 죽은 자를 위해 108개로 이뤄진 하얀 깃발을 세우는 것이다. 죽은 자를 왕생의 길로 인도하는 관세음보살에게 망자의 영혼을 달래기 위해 기도를 올리는 불교 의식이다. 룽타든 타르초든, 죽음 앞에 유한한 삶을 살아가는 인간을 위한 '메멘토 모리'(memento mori: 죽음을 기억하라)를 의미하는 것이 아닌지. '메멘토 모리'는 고대 로마 공화정 시절의 개선식에서 개선장군에게 주어지는 헌사에서 유래했다고 한다. 동서양을 막론하고 인간은 오만해지지 말고 신들을 공경하라는, 이겼다고 너무 우쭐대지 말라는 뜻을 담고 있는 문장이었다. 아무리 인간으로서 전성기를 누려봤자 그 위에는 반드시 신이 있기 때문에 현세에서의 쾌락, 부귀, 명예 등은 모두 '부질없는 것 Vanitas'에 불과하다는 의미를 상징했다.

세계에서 가장 높은 산으로 꼽히는 해발 8,848미터의 에베레스트는 티베트와 네팔 국경에 자리한다. 에베레스트라는 이름은 19세기 측량 담당 영국인 조지 에베레스트에서 따왔다. 1865년 그의 이름을 붙여 세계 최고봉으로 지정했지만, 티베트에서는 초모룽마(Chomo Lungma: 어머니 신)라고 부른다. 에베레스트 정상에도 룽타와 다르초가 세워져 날리고 있다. 히말라야의 거센 바람 속에서 춤사위를 일으키며 억겁 속 쌓여진 세월의 풍진을 훌훌 털어버리겠다는 듯 룽타와 다르초는 펄럭이고 있다.

그동안 에베레스트 정상에 오른 얼마나 많은 사람이 정상에 도달한 성취감과 행복감을 맛보았을까. 정상에 도달한 아름다운 삶이 있는가 하면 아름답지 못한 삶이 있고, 기쁜 삶이 있는가 하면 서럽고 고통스런 삶이 있다. 숭고한 삶이 있는가 하면 그지없이 비천한 삶도 가득하다. 그래서 『숫타니파타』의 '무소의 뿔의 경'에는 수행자가 그 무엇에도 매이지 않고 수행에만 집중하라는 의미로, "홀로 행하고 게으르지 말며 비난과 칭찬에도 흔들리지 말라. 소리에 놀라지 않는 사자처럼 그물에 걸리지 않는 바람처럼 진흙에 더럽히지 않는 연꽃처럼 무소의 뿔처럼 혼자서 가라"고 가르친다.

좁은 산길에서 오가며 만나는 사람들은 "나마스테"라고 인사한다. 나마스테는 산스크리트어로 인도와 네팔에서 주고받는 인사말이다. '내 안의 신이 당신 안의 신께 인사드립니다.'라는 의미를 담고 있다. 물질적 부에 관계없이 정신적으로 건강하고 낙천적인 그들의 인생관을 잘 보여주는 인사말이다. 네팔의 대부분 트레킹 코스가 그렇듯 먼발치에서나마 안나푸르나봉을 보기 위해 푼힐로 가는 길도 원래 등산객을 위해 만들어진 길이 아니다. 그 땅에 몸 딛고 살아온 사람들이 오랜 세월 동안 다져온 마을과 마을을 잇는 삶의 길이다. 산과 산 사이로 난 좁고 긴 길은 네팔 사람들이 생존을 위해 무거운 짐을 지고 장터로 나가던 길이었고, 아이들이 학교에 가던 고갯길이었으며, 가난한 살림을 버리고 도시를 향해 떠나던 길이었다. 이 길 위에서 사람들은 웃음과 눈물을 날리며 인생의 고뇌와 자연의 위대함을 동시에 느끼며 살아왔다. 힘들고 고달픈 삶이었지만 그들이 버틸 수 있었던 것은 낙천적이고 건강한 마음 덕분이었다.

  삶의 많은 생각과 행동은 우리 '마음'에 담겨 있는 것인지 모른다. 『법구경』에서는 마음을 이렇게 가르친다. 마음은 변덕스럽고 불안정하며 지키기도 어렵고 통제하기도 어렵다. 현명한 사람은 마치 화살 만드는 장인이 화살을 곧게 만들듯이 능히 마음을 곧게 할 수 있다. 마음은 제멋대로 날아다니는 화살과 같다. 이 마음을 다스리는 것은 훌륭한 일이다. 마음을 잘 다스려야 행복이 온다. 신념이 흔들리는 사람은 그 지혜가 완전하지 못하다. 자기 자신이 바로 피난처이다. 스스로를 잘 통제하면 얻기 어려운 피난처를 저절로 얻는다. 자신의 마음을 닦아 모든 욕망과 집착으로부터 벗어나는 일에서 인간다운 삶은 비롯된다고 『법구경』은 이야기한다. 그러기 위해서는 스스로 밝은 지혜를 얻어야만 하지만 온갖 이기심과 욕망을 떠나 윤리적으로 살다 보면 마침내 깨달음을 얻고 행복한 삶을 영위할 수 있다.

진정한 행복이란 삶의 현실에 대한 긍정적 자기만족은 물론 올바르고 착한 마음에서 우러나는 것이라고 할 수 있다. 무언가를 성취할 수 있는 경제적인 능력, 타자를 위한 사랑, 미래에 대한 희망과 같은 모든 것은 마음으로부터의 긍정적 현실 인식이 없다면 쉽게 이루어지기 힘들다. 인생을 긍정하는 사람은 삶에 대한 열의에 차 있으며, 그것은 곧 삶에 대한 사랑에서 비롯되는 것이다. 주어진 조건과 상황이 어떤 것이든 그에 대처할 수 있는 여유는 삶에 대한 내면적 자기만족에서 우러나오는 것이다.

그러나 아무리 주옥같은 가르침과 생각을 지니고 있다고 하더라도 이를 실천하지 않는다면 아무 소용이 없을 것이다. 인생의 희로애락이나 생로병사를 초월하는 성인이 아닐지라도 평범한 진리를 배우고 실천하는 것이 중요하다. 화내지 않고, 탐욕을 버리고, 가족과 이웃을 사랑하는 지름길은 바로 마음을 다스리는 지혜이다. 천하를 통치하는 것보다도, 우주를 다스리는 것보다도 더욱 성스러운 일은 진리의 길에 도달하는 것이다. 고요히 홀로 세상의 이치와 흐름을 알게 되면, 고뇌도 없어지고 청정해지며, 진리의 진정한 즐거움을 누리게 된다. 그러나 어리석은 사람은 평생을 현명한 사람과 사귀어도 참된 법을 이해하지 못한다. 그것은 마치 숟갈이 국 맛을 알 수 없는 것과 같은 이치이다.

 멀리 만년설을 안고 있는 에베레스트를 바라보며 아름답고 경이로운 자연의 모습에 그저 고개가 숙여진다. 피안彼岸의 세계 저쪽에는 무엇이 존재하고 있을까. 산 이쪽저쪽을 오르내리는 사람들은 단지 차안此岸의 세계에서 허덕댈 뿐이다. 산허리에 앉아 가쁜 숨을 가다듬고 있으니 어디선가 야크 목에 걸린 종소리가 들리고, 마니차를 돌리며 어딘가로 떠나는 순례자들도 지나간다. 룽타와 다르초가 찬란한 무지개처럼 머리 위에서 나부낀다. 공허하면서도 충만한 히말라야 설산에서도 생명과 행복을 위한 염원은 어김없이 살아 숨 쉬고 있었다.

아웃 오브 아프리카

오래된 영화 〈아웃 오브 아프리카〉를 다시 보았다. 영화는 덴마크의 여류소설가 카렌 블릭센의 자서전적 소설 『아웃 오브 아프리카』를 바탕으로 제작된 것이다. 소설은 놀라운 서정과 생동감 넘치는 아프리카 대지와 인간의 모습을 보여주면서 아름다운 서사가 어우러지고 있다. 소설의 제목인 '아웃 오브 아프리카'는 로마 시대 작가 플리니우스의 "아프리카로부터는 항상 무언가 새로운 것이 생겨난다. Out of Africa always something new"라는 문장에서 따왔다고 한다. 작품에서는 인간과 자연, 자연과 문명이 어떠한 관계를 맺고 살아야 할 것인가를 극명하게 보여준다.

덴마크에 사는 카렌 브릭슨은 막대한 재산을 가진 독신 여성이다. 그녀는 스웨덴 귀족 브로르 블릭센 남작과 결혼하여 그녀가 소유한 커피 농장이 있는 케냐로 여행을 떠난다. 그렇지만 카렌의 케냐 땅에서의 결혼생활은 실패로 돌아가고 만다. 카렌은 눈에 들어오는 어마어마한 넓은 땅에서 자연의 비길 데 없는 장엄함과 자유로운 삶의 소중함을 느낀다. 그러면서 아프리카의 고원 지대에서 깊은 감회에 젖는다. "하늘은 연푸른 색이나 보랏빛을 벗어날 때가 거의 없었으며, 강력하고 무게가 없고 끝없이 변화하는 무수한 구름 떼가 하늘 높이 솟아 유유히 흘러갔다. (…) 한낮에는 땅 위의 공기가 마치 불꽃처럼 살아 있었다, 흐르는 물처럼 섬광을 발하고 물결치고 빛났으며 모든 사물을 거울처럼 비추어 둘로 만들고 마치 거대한 신기루를 만들어 냈다. (…) 여기 내가 있다. 내가 있어야만 하는 곳에."

언젠가 힘들게 찾은 아프리카 탄자니아는 케냐와 가까운 위치에 놓인 나라다. 유명한 다큐멘터리 〈동물의 왕국〉의 무대가 된 세렝게티는 탄자니아 서부에서 케냐 남서부에 걸쳐 있는 3만 제곱킬로미터가 넘는 땅으로, 30여 종의 초식동물과 500종이 넘는 조류들이 함께 살아가는 곳이다. 누구나 한 번쯤 가보기를 소망하는 그곳은 많은 사람이 인생의 버킷 리스트에 올라 있다. 탄자니아의 국립공원 세렝게티 사파리에서 쉽게 만나는 것은 야생 동물들이다. '사파리'는 스와힐리어로 '여행'이란 뜻이다. 차에서 내려 함부로 땅을 딛고 걸을 수 없기 때문에 야생의 삶을 살아가는 동물들이 주인공이다. 그곳에서 인간은 잠시 스쳐 지나가는 방문객일 뿐, 인간 세상과는 아무런 관계가 없는 땅이다. 인간 세상과 같이 무한경쟁도 적자생존도 없는 공정한 동물 왕국의 법칙이 지켜지는 자연의 세계이다.

자연의 아름다움을 느낀다는 것은 도시의 고정된 이미지나 관념에 갇히지 않고, 마음을 활짝 여는 순간에 느끼는 감정이다. 카렌은 도시 문명 속에서 온갖 욕망과 이기심에 갇혀 살아가는 현대 인간의 고정되고 폐쇄된 관념이 얼마나 편협한 삶의 태도인가를 느끼게 된다. 비행기를 타고 둘러본 케냐의 커피 농장에서는 녹색의 땅 사이로 너무도 선명하고 열린 전망이 나타나는 것을 보게 된다. 그러면서 인간의 정신이 얼마나 획일적이고 기하학적인 형태로 얽매여 살아가기를 갈망하는지 깨닫게 된다. 이런 감정은 원주민들 삶과의 대조를 통하여 더욱 분명하게 확인된다.

다시 카렌은 말한다. "나의 목초지에는 소말리족이 살고 있었다. 그들은 이슬람교를 믿는 유목민으로 한곳에 정착해 여러 세대를 사는 유럽인들을 절대로 이해할 수가 없었다. 그들은 물건을 운반하기 위해 잿빛 망아지를 키웠는데, 선인장처럼, 그리고 소말리족 자신처럼 지상의 모든 고난을 넘어서는 사막에 단련된 낙타들도 있었다." 원주민들은 자신의 감정을 솔직하게 표현하고 거짓말을 하지 않는다. 또한 백인들도 원주민들과 오래 함께 지내다 보면 그들처럼 말하고 행동하게 된다. 원주민들은 백인들처럼 고정된 곳에서 경직된 사고로 생각하고 행동하지 않는다.

아프리카에는 도시의 소음 대신에 자연의 소리가 있을 뿐이다. 원주민들의 소리는 곧 자연의 소리다. 그들이 부르는 노래와 그들이 만지는 악기 소리는 바로 자연의 소리이다. 아프리카 사람들은 흥이 많아서 걸핏하면 춤을 추고 노래를 부른다. 일단 아프리카의 리듬을 파악하면, 아프리카의 모든 음악이 그 리듬 속에 있다는 것을 알 수 있다. 가장 원시적인 형태의 악기는 자연으로부터 나온다. 자연에서 우러나오는 새소리, 물소리, 짐승 소리가 모두 원주민들의 소리로 육화된다.

작품에서 우리에게 더욱 감동적으로 다가오는 것은 카렌의 아프리카 동물들과의 교감이다. 사자와 코끼리, 버팔로와 기린들과 사파리를 즐기고 그들과 검고 육중하고 무쇠 같은 동물이 먼 곳에서 다가오는 것이 아니라 자신의 눈앞에서 창조되어 차례로 내보내지는 듯 느낀다. 초원을 가로지르는 기린의 행렬은 "기이하고 독특한 식물적인 우아함"으로 마치 동물의 무리가 아니라 거대한 얼룩무늬 꽃들이 천천히 움직이고 있는 듯한 느낌마저 준다. 아프리카 초원에서는 인간들의 다툼과 욕망 따위는 아무런 의미가 없다. 인간 세상에서는 무한경쟁과 적자생존만이 일어나지만 자연 속 야생의 세계는 수백만 년을 이어온 나름대로의 삶의 규칙이 살아있는 '동물의 왕국'으로 가는 길이 있다.

 영화의 배경음악은 우리를 자연과 하나로 일체 시키며 또 다른 자연의 소리를 듣게 한다. 영화에서는 이른바 '신의 선율'이라고 불리는 모짜르트의 〈클라리넷 협주곡〉이 배경음악으로 흘러나온다. 음악을 들으면서 '신으로부터 저주받은 땅'에 '신의 선율'이 울려 퍼지는 역설을 우리는 듣게 된다. 서구는 과학기술과 자본이 넘쳐나는 풍요로운 땅이지만, 아프리카에서는 아직도 기아와 질병에서 허덕이는 곳이다. 아프리카는 왜 신으로부터 버림받은 저주의 땅이 되었는가. 이 지구상에서 진정한 '선'

은 무엇이고 '악'은 무엇인가, 영국 작가 조셉 콘라드가 『어둠의 속』에서 묘사했듯이, 아프리카에서 진정한 '빛'은 무엇이고 '어둠'은 무엇인가.

카렌의 눈앞에 아프리카의 자연이 펼쳐져 있듯이, 낙타는 막막하고 끝없는 실크로드의 사막에서 대상들의 짐을 싣고 일렬로 줄을 지어가며 뚜벅뚜벅 걸어간다. 밤이 되면 하늘에 떠있는 별을 등대 삼아 오늘도 내일도 한발 한발 나아갈 수밖에 없다. 카렌의 눈앞에 펼쳐지는 자연의 풍광은 무한하게 펼쳐질 수 있는 삶의 독창적인 은유의 바다였다. 그 바다에 영원히 빠져 눈을 뜨고 싶지 않았다.

작품은 거듭 자연에서 살아가는 법을 잃어버린 인간에게 깊은 경고를 준다. 현대인들은 자연 속에서 살아가는 법과 자연 속의 구성원들과 공존하는 방법을 모른다. 인간은 원래 원시 시대부터 동물과 함께 살며 움직여야 한다는 본능을 지니고 있었다. 그렇지만 우리가 문명의 삶만 가까이하고 자연과의 관계를 소홀히 하면서 인간과 자연도 모두 잃어버리게 되었다. 그리하여 우리는 지금 자연의 바람과 꽃과 공기의 흐름과 색깔과 냄새에 반응할 필요가 없어지게 되었다. 발전된 북유럽에서 온 카렌은 그 반대의 대륙인 아프리카 보호구역에서 살아가는 마사이족, 키쿠유족, 소말리족에게서 무조건적인 애정을 느낀다고 고백한다. 아프리카에서의 삶을 회상하며 카렌은 담담하게 아프리카의 자연과 사람들을 묘사한다. 기후, 날씨, 동물, 원주민 그리고 아프리카에서 만났던 사람들로부터 받았던 몸과 마음의 정기는 그곳을 떠나면서 모두 증류되고 만다.

"우리는 아무것도 소유할 수 없다. 그저 스쳐 지나갈 뿐이다." 사랑하지만 그 사랑을 소유하고 싶지도 소유 당하고 싶지도 않았던 자유 영혼주의자, 데니스가 한 말이다. 우리는 이 세상의 무엇이든 사랑한다고 함부로 소유할 수 없다. 그것이 사랑이든, 인간이든, 자연이든.

킬리만자로의 눈

  젊은 시절 나의 버킷 리스트에는 '킬리만자로 오르기'가 오랫동안 올라 있었다. 언젠가는 킬리만자로에 올라 볼 것이라는 소망은 오래 간직되었다. 아프리카 탄자니아에 위치한 킬리만자로는 1848년 독일 선교사 요하네스 레브만과 루트비히 크라프가 최초로 발견했다. 남위 3도 적도지방에 높이 5,895m나 되는 만년설이 덮인 산이 존재한다는 사실을 사람들은 믿지 않았다. 그후 1889년 독일 지리학자 한스 마이어와 오스트리아 산악인 루트비히 푸르첼러가 유럽인 최초로 킬리만자로산을 등정했다고 기록된다.

  '킬리만자로'는 스와힐리어로 '산'이라는 뜻의 Kilima와 '빛난다'는 뜻의 njaro의 합성어로 '빛나는 산', '하얀 산'이라는 뜻을 가지고 있다. 아프리카의 빛나는 산, 킬리만자로는 지구에서 가장 큰 휴화산이자 아프리카 대륙의 가장 높은 산이다. 지형적으로는 세계에서 네 번째로 높이 돌출된 산이다.

사람들이 킬리만자로를 동경하는 것은 무엇보다 등산 전문가가 아닌 사람도 쉽게 올라갈 수 있기 때문이다. 또한 지리상으로 적도 부근에 있는 만큼 히말라야 산맥의 유명 산들과 달리 정상 부근까지 가더라도 다른 고산들에 비해 추위가 덜한 편이기도 하다. 정상인 우후루 피크 부근에만 만년설이 존재하여 등반 도중 눈사태나 크레바스 등의 위험이 적어 상대적으로 많은 사람이 정상에 오르기 쉽기 때문이다.

킬리만자로가 더욱 유명하게 알려진 것은 조용필의 노래 〈킬리만자로의 표범〉 덕분이 아닌가 싶다. 노래는 한 인간의 야망과 고독을 킬리만자로 산에 오르는 표범에 비유했다. 가사는 어니스트 헤밍웨이의 단편소설 「킬리만자로의 눈」에 나온 내용이 모티브가 되었는데, 산정 높이 올라가 얼어서 굶어 죽은 눈 덮인 킬리만자로의 표범 이야기이다. 가난하지만 이상을 좇던 사람이 알맹이가 없는 삶을 살다가 죽어가며 후회하는 내용을 담고 있다. "자고나면 위대해지고/자고나면 초라해지는 나는 지금/지구의 어두운 모퉁이에서 잠시 쉬고 있다"라는 노랫말은 현대 인간의 초라한 모습을 잘 보여준다. 헤밍웨이가 쓰고 싶었지만 쓰지 못했던 여러 아이디어가 노랫말 속에서 회상으로 쏟아져나온다. 짐승의 썩은 고기만을 찾아다니는 산기슭의 하이에나처럼 물질을 얻기 위한 존재가 되기보다는 산 정상 높이 올라가 굶어서 얼어 죽더라도 눈 덮인 킬리만자로의 표범처럼 되고 싶다고 노래한다. 그러면서 묻지마라, 왜 그렇게 높은 곳까지 오르려 애쓰는지 묻지를 마라고 반문한다.

  누구나 정상에 오른다는 것은 힘든 일이다. 특히 겨울의 높은 산 정상을 오르는 것은 더욱 힘들다. 이것저것 챙겨야 할 장비도 많고, 눈바람이라도 몰아치는 날에 수천 미터의 산을 오르는 것은 거의 사투에 가깝다. 겨울 산속에서 불어오는 바람은 언제나 모든 것을 빙석으로 만들 듯하다. 산의 정상에 도달하기 위해서는 아직 많은 시간이 남았다. 바위에 기대앉아 살을 에는 듯 윙윙대는 겨울바람 소리를 듣고 있으면 지난 봄 여름 가을에 달려왔던 기억의 순간들이 바람 속으로 모두 날려가는 듯하다. 바람 속에서 날아가는 것은 시간만이 아니다. 세찬 바람에 날아가지 않으려고 웅크리고 있는 사람은 자꾸만 좁아지고 단순해진다.

험한 산을 오르는 것이나 인생을 사는 것이나 때로 덜 고통스럽게 되는 것은 단순해지는 것인지 모른다. 고통의 시간은 길고 절정은 한순간이다. 고통의 시간을 이기는 것은 복잡함보다 단순함이다. 산을 오를 때 숨은 턱까지 차오르고 고통과 마지막 몸부림은 격렬하다. 그렇지만 정상에서의 시간은 허무한 한순간이다. 인생에서도 모든 절정은 한순간일 뿐이다. 오늘도 한순간의 절정에 도달하기 위해 몸과 몸을 부딪친다. 삶은 단순해지는 것이었다. 살아가는 삶이 아닌 살려지는 삶. 내가 사는 삶은 갈수록 나의 힘으로 사는 것이 아니었다. 나의 꿈, 희망, 사랑, 열정은 모두 한 순간이라는 단순함으로 이루어질 뿐이었다. 아직 무언가를 제대로 이루지도 못하고 절정에 이르지도 못했는데, 때로 삶이 단순해져 버렸다. 그것이 슬펐다.

 구름인지 산인지 저 높은 킬리만자로 가기 위해 나는 배낭 하나 달랑 메고 산에서 만나는 산새들과 대화하며 그대로 산이 된들 또 어떠리. "산정 높이 올라가 굶어서 얼어 죽는/ 눈 덮인 킬리만자로의 그 표범이고 싶다."는 노래의 구절같이, 나는 멀지만 아득한 킬리만자로 정상의 빙하에 도달해야 한다는 단순한 마음으로 오직 앞으로만 걸었다. 킬리만자로에서는 산 아래에

서부터 정상까지 다양한 식물대가 이어진다. 초원 지대를 지나 3,000m까지는 열대 우림 지역이 펼쳐지고, 다시 해발 4,000m까지는 관목 지대가 이어진다. 이후에는 알파인 사막 지대가 전개되고 나머지 화산 봉우리 끝 5,895m 지점에 만년설 빙하가 펼쳐지며 정상으로 이어진다. 열대 우림지역이 지날 무렵부터 고산병이 일어나기 시작한 나의 체력은 한계에 이르고 더 이상의 산행은 힘들다고 동행한 가이드가 가로막는다.

 사는 건 언제나 쉬운 일이 아니었다. 저만치 먼 길을 걸어 왔다고 생각했는데 걸어온 길보다 더 많은 길이 남아 있었다. 이제는 마지막에 당도했다고 생각했는데 아직도 더 높고 가파른 고갯길이 기다리고 있다. 흘러가는 물은 강요하지 않아도 세 갈 길을 흘러가지만, 우리가 가는 길은 스스로 만들면서 살아가야 한다. 언제나 무너지는 담벼락에 기댄 심정으로 쓰러지지 않아야 한다는 절박함 속에서 하루하루를 살아야 했다. 쉼 없이 바람은 불어오고 그 속을 간신히 지나면 또 다른 바람이 불어왔다. 기다림은 기다림으로 나를 지치게 했고, 그리움은 또 다른 그리움으로 나를 절박하게 만들었다.

 정상으로 오르는 오래된 길에 내 발자국을 기댄다. 오랜 세월을 우리는 함께 지내왔구나. 흔들리는 발걸음에 길도 나도 흔들리고 풍경은 자꾸 시선을 떠나 저 멀리 간다. 알 수 없다. 내가 사랑하고 소망한 모든 것이 지금 저 정상에 잠시 흩뿌리는 마지막 햇살처럼 덧없다. 내가 그렇게 사랑한 모든 것은 새가 떠나고 난 뒤의 텅 빈 하늘처럼 공허하다는 것을 알지 못했다. 지나간 것은 모두 헛되이 사라지거나 녹슬어버렸다. 나에게 남은 것은 오직 지금 이 마지막을 잘 견뎌내야 한다는 저물녘 늦가을의 산책길 같은 쓸쓸함뿐. 정상에 도달하지 못하고 돌아오는 산행길에는 하이에나도 표범도 없었지만 "바람처럼 왔다가 이슬처럼 갈 수 없잖아./ 내가 살은 흔적일랑 남겨둬야지"라는 노래의 구절이 절로 떠올랐다.

  어떤 일을 하든 이제 모든 존재 의미는 나의 내부에 있다. 시간이 멈춘 킬리만자로에 오를 수는 없다 해도, 그리스 신화 속 크로우노스처럼 손에 낫을 들고 시간을 베어들일 수는 없다 해도, 무언가에 도전하는 시간이야말로 아름다운 시절이었다. 열정의 그 시간이 '마지막 봄'이라는 생각이 든다. 대책 없던 생의 충동이 일어나던 봄바람에 얼마나 몸서리 쳤던가. 봄날에 아침저녁으로 이른 꽃망울을 터뜨리며 피어나는 꽃들을 바라보며 가슴 설레하던 시절이 있었다. 가을에 굴러가는 낙엽을 보고 눈물짓던 세상이 모두 내 것 같던 시절이었다. 이제는 여기저기 자꾸 몸도 아파오고 생의 충동보다는 죽음에 대한 걱정이 앞선다. 아무리 인생은 고행이라 하지만 우리는 힘든 과정보다 그 일 분도 안 되는 마지막 절정에서의 순간을 더 중요하게 여긴다. 기쁨의 순간은 잠시뿐이다. 여기저기 다 헤매다가 마지막 종착역은 어디인가. 마지막 절정의 순간만이 중요한 것인가. 공부에서도 그랬고 여행에서도 그랬고 싸움에서도 그랬다. 마지막 결론이 이루어지는 귀납보다는 지루하고 힘들지만 그 과정인 연역이 더욱 중요한 것이 아닌가.

끝내 킬리만자로의 정상에 오르지 못한 채 나의 버킷 리스트에서 '킬리만자로 오르기'는 아직도 지워지지 못하고 있다. 삶에서 아쉬움은 지워지지 않는 상흔처럼 언제나 그대로 남아 있다. 그래서 아직도 묻는다. "말하라 그대들이 본 것이 무엇인가" 킬리만자로에 오르고자 하는 소망은 희미한 옛사랑의 그림자처럼 남아 있다.

영원한 혁명가

"우리 모두 리얼리스트가 되자. 그러나 가슴속엔 불가능한 꿈을 지니자!" 체 게바라의 어록에 실린 말이다. 우리나라에 체 게바라 열풍이 분 것은 80~90년대가 아닌가 싶다. 진보적 성향의 젊은이들은 게바라 얼굴이 그려진 붉은 티셔츠를 입고 다니며 시위 대열에 참여하는 것이 무슨 큰 혁명가의 모습인 양 여겼다. 우리가 아는 체 게바라는 멋있는 수염을 기르고 오토바이를 타고 다니며 대중 앞에서 표효하는 연설을 하는 사람. 조국을 떠나 남의 나라에서 혁명을 일으킨 사람 정도였다.

프랑스 일간지 '파르지앵'의 전문기자 장 코르미에가 엮은 『체 게바라 평전』에 의하면 파란만장한 삶을 살다 간 체 게바라의 혁명적 삶은 우리 시대의 가장 위대한 혁명가의 모습을 보여준다고 이야기된다. 체 게바라는 살아 있을 때보다 죽은 후에 오히려 그 영향력이 더 컸다. 전 세계적으로 '체 게바라 열풍'을 일으킬 정도로 인기를 끌었다. 혁명을 꿈꾸던 젊은이들에게 그는 정신적 지주가 되었고 많은 추종자를 낳았다. 이념은 사라져가도 체 게바라라는 상징은 오늘날까지도 굳게 남았다.

체 게바라는 아르헨티나 로사리오의 중상류층 백인 가정 출신이다. 그의 피에는 스페인 바스크계와 아일랜드계가 섞여 있었다. 본명은 에르네스토 게바라이고, 그 사이에 끼어 넣은 '체'(che)는 '나의'라는 뜻을 가진 인디언 감탄사다. 또한 그 이름은 스페인어로 사람을 부를 때 '어이' '이봐' 정도의 친근한 의미를 지난 말로 지지자들은 '체'라고 부르며 그에게 다가갔다. 게바라는 혁명에 뛰어들면서 스스로 이름을 이렇게 고쳤다고 한다. 1930년대 아르헨티나는 세계 경제순위 7위를 할 정도로 부유한 나라였고 남미에서 가장 잘 살았지만, 이는 아르헨티나의 백인 상류층들에게만 국한된 것이었고 아르헨티나의 노동자와 농민들은 가난에 허덕이고 있었다.

자유롭고 유복한 가정 환경 속에서 체 게바라는 5남매 중 장남으로 태어났다. 그는 미숙아로 태어나 2살 무렵 극심한 폐렴을 앓은 탓에 평생 동안 중증의 천식을 지병으로 가지고 살았다. 20대 초반까지 부에노스아이레스 대학에서 의학을 공부했다. 대학 시절인 1952년 6월 그는 동료 알베르토 그라나도와 함께 남미 여행을 떠나게 되었는데, 이 여행이 그의 삶에 중요한 변화를 낳는 계기가 되었다.

중고 오토바이를 개조해 '포데로사'라는 이름을 짓고 아르헨티나를 출발, 안데스산맥을 넘어 칠레, 페루, 콜롬비아, 베네수엘라를 여행했다. 둘은 9개월 동안 남미 곳곳을 8,000km나 여행하며 남미 민중들의 고달픈 삶을 이해하게 되었다. 특히 칠레의 구리광산에서 미국 자본에 눌려 비참하게 살아가는 노동자들을 목도하면서 그는 사회주의에 눈뜨기 시작했다고 전해 진다. 그러면서 가난한 민중들의 삶과 그들의 빈곤 문제를 해결하는 길은 혁명밖에 없다고 생각하게 되었고 세계가 당면한 모순을 치료하는 것이야말로 보다 나은 세상을 만드는 본질적인 문제라는 생각을 갖게 되었다.

스물다섯 살에 의학박사학위를 딴 후 의사로서의 안정된 삶이 기다리고 있었지만, 체 게바라는 의사로서의 보장된 미래를 버리고 진보정권을 탄생시켜 자유로운 분위기가 가득하던 과테말라로 옮겨갔다. 이곳에서 체 게바라는 페루에서 학생운동을 벌이다가 과테말라로 망명 온 3살 연상의 여성 혁명가 일다 가데아를 만나 결혼하게 된다. 그후 민주 선거로 이룬 과테말라의 아루벤스 진보정권이 쿠데타에 의해 무너지는 것을 목격하게 되면서 비폭력적 개혁은 한낱 꿈일 뿐이며 민중을 위한 진정한 혁명은 무력으로 이루어져야 한다고 생각하게 된다.

과테말라의 아르마스 독재정권으로부터 핍박을 받게 된 체 게바라는 일다 가데아와 함께 멕시코로 쿠바로 전전하게 된다. 그후 피델 카스트로의 쿠바 해방 운동에 동참했다. 많은 쿠바의 민중들이 체 게바라의 군대에 동조하였고 이 승리로 반군은 바티스타 정권을 무너뜨리고 쿠바 혁명을 성공하게 되고, 정부의 요직을 연이어 맡게 된다. 체 게바라의 삶에서 무엇보다 주목하게 되는 것은 그의 실천적 삶의 태도이다. 그는 단순한 혁명가를 넘어 이 세계가 보다 나은 자유와 평등을 구가하기 위해 자신의 몸을 던져 실천하는 인물이었다.

프랑스의 실존주의 철학가인 사르트르는 체 게바라를 '20세기 가장 완전한 인간'이라고 극찬했다. 1928년에 태어나 1967년에 39세로 죽은 체 게바라는 살아 있었을 때도 남미에서 유명한 인물이었지만, 사후 그가 생존했던 기간보다 더 오랜 기간동안 유명해진 인물이다. 그는 40년 이상이 지난 지금까지도 다양한 측면에서 재조명되고 있다. 특히 그가 보여준 현실의 안락과 권력에 안주하지 않고 신념에 따라 행동하고 죽어간 삶의 궤적은 이후 진보적인 젊은이들이 그를 멘토로 삼기에 주저치 않게 되었다. 그리하여 그의 참혹한 종말은 '전사 그리스도'란 별명을 붙이게까지 했다. 이런 인기 때문인지 체 게바라는 혁명의 나라에서뿐만 아니라 그가 가장 경계했던 자본주의의 최첨단에 있는 미국에서조차 가장 뜨겁게 인기 있는 인물이다. "혁명도 사회주의도 사라진 지금 오로지 체 게바라만 살아 남았다"고 이야기될 정도로 이념과 국가를 떠나 전설의 혁명가로 살아 있다.

시대의 상징으로 남아 버린 체 게바라이지만 그 상징이 전 세계 사람들로부터 사랑을 받게 된 것은 삶 자체가 실천과 저항의 정신을 대변하고 있기 때문이었다. 그는 언제나 현실에 참여하고자 하는 '리얼리스트'가 되기를 강조하면서 새로운 세상을 꿈꾸었다. 그러면서 20세기 초 민중의 비참한 현실을 바꾸기 위해 안락한 자신의 삶을 가차 없이 버렸다는 인간주의적 정신을 사람들은 사랑했다. 그는 자신이 옳다고 믿는 신념 앞에 모든 것을 던지며 이를 지키기 위해 스스로에게 엄격했던 사람이었다.

체 게바라의 파란만장한 혁명적 삶은 잘못된 세상과 사회를 위해 혁명이 왜 필요한 것인가를 보여준다. 부조리한 삶의 상황과 현실에 대한 불만은 민중들이 돌멩이를 들게 하고 혁명가를 만들게 된다. 아직도 돌멩이를 보면 화염병 냄새가 난다. 이제 혁명의 열기는 사라지고 남은 것은 말없이 사람들 발길에 차이면서 뒹구는 돌멩이뿐이다. 돌을 던지고 최루탄을 피해 도망가면서, 함께 시국선언문을 작성한 친구들을 불라며 밤새 고문당하면서, 우리는 죽어도 저들을 용서치 않으리라 생각했다. 그러나 이제 생각하니 이 세상에서 영원한 적도 없고 영원한 동지도 없었다. 중요한 것은 삶의 역사가 그렇듯이, 인간과 집단의 역사도 경계와 대립을 넘어서 보다 정의로운 세상을 만드는 일이다.

체 게바라가 딸 일디타에게 보낸 편지 중에 나오는 다음과 같은 이야기는 영원한 혁명가로서 그의 인생관과 세계관을 잘 보여주는 말이다. "어른이 되었을 때 가장 혁명적인 사람이 되도록 준비하여라. 이 말은 네 나이에는 많이 배워야 한다는 것을 의미한단다. 정의를 지지할 수 있도록 준비하여라. 나는 네 나이에 그러지를 못했단다. 그 시대에는 인간의 적이 인간이었다. 하지만 지금 네게는 다른 시대를 살 권리가 있다. 그러니 시대에 걸맞은 사람이 되어야 한다."

삼바의 추억

 인간에게 춤의 역사는 오래다. 춤은 무용이나 무도라고 불리면서 영어로는 댄스dance라고 일컫는다. 한자어인 '춤출 무舞'는 하늘과 땅 사이에서 춤을 추는 사람인 '무당'을 의미하는 '무당 무巫'에서 유래한 말이다. 어느 경우이든 춤은 생명의 욕구나 일상생활의 체험과 감정을 율동으로 표현하는 의미를 가졌다. 인간의 활동 중에서 가장 자연스런 감정의 신체적 표현이라고 할 수 있는 춤은 인간의 가장 오래된 예술이며, 모든 예술의 어머니라고 할 수 있다.

 춤이 나타난 정확한 시기를 알 수는 없으나 인간이 집단으로 모여 살기 시작하면서 자연스럽게 나타났으리라고 추측할 수 있다. 고대인들은 춤을 추면서 혼례를 치르고 풍요나 전쟁의 승리를 신에게 기원하기도 했다. 고금을 막론하고 춤은 사람의 마음을 움직여 무아지경의 상태로 이끌 수 있었기에 모든 개인과 집단의 삶 속에는 어디서나 춤이 있었다.

얼마전 유행한 춤 가운데 싸이의 '말춤'은 전 세계를 흔들었다. 말춤은 우리나라뿐만 아니라 수많은 외국인도 따라 했고, 싸이의 〈강남 스타일〉은 세계인들이 따라 부르면서 지구 전체에 선풍적인 인기를 끌었다.

고대에서의 춤은 때로 무당에서 사제나 왕을 통해 전수되고 이어지는 민속무용이 주를 이루었다. 민속무용 중에는 춤을 이용해 권력을 표출한 궁중무용도 있었다. 춤이 권력과 관계있다는 것을 가장 잘 보여주는 왕이 프랑스의 루이 14세다. 그는 자신이 직접 발레의 주인공인 태양신 아폴론의 역할을 했고, 이를 계기로 그는 '태양왕'이라는 별명을 얻게 되었다.

모든 춤이 반드시 즐거움을 담고 있지는 않다. 아주 흥겹고 정열적인 라틴 댄스 속에는 삶의 아픔과 슬픔이 담겨 있다. 라틴 댄스가 강제로 아메리카로 이주된 흑인들이 혹독한 노예생활 속에서 춤을 추며 달랜 **뼈아픈** 역사를 담고 있기 때문이다. 백인들은 아프리카에서 이주시킨 흑인들이 단합하지 못하도록 부족과 가족을 분리해 섞어 농장에 배치했는데, 이러한 상황에서 노예들을 단합시켜준 것이 춤이었다.

  라틴 아메리카의 대표적인 춤은 삼바와 탱고이다. 삼바는 시간대를 거슬러 올라가 보면 15세기경, 당시 유럽은 해외 개척에 큰 관심을 가졌고 포르투갈 역시 해외 식민지 개척에 열을 올려 포르투갈의 페드로 장군이 브라질을 발견했다. 포르투갈 내에서는 인도의 향료 무역의 큰 이익에 극도의 소비 향락 풍조가 일어났고 브라질에서 금과 은이 난다는 소식은 식민사업의 열기를 돋구었다.

  삼바 춤과 함께 탱고도 남미의 으뜸가는 춤이다. 두 춤은 모두 사교 댄스이면서 생활 댄스이다. 삼바 춤이 주로 흥을 돋우기 위해 추는 것이지만, 탱고는 자신의 감정과 기분을 나타낼 수 있다는 점에서 차이를 보인다. 탱고는 우울한 기분을 자신의 춤에 슬프게 표현해 내고, 현재의 감정이 기쁘면 그 또한 춤에 표현해 낸다. 가슴과 가슴을 맞대고 서로 안은 채 음악에 맞춰 걷는 춤 탱고는 1910년대 아르헨티나의 항구인 보카 지역에서 하층민들 사이에서 유래했다. '좋은 공기'라는 의미를 지닌 부에노스 아이레스 지역에서 만개했고 1차대전 이후 문화중심지였던 프랑스 파리를 중심으로 유럽 전역으로 널리 퍼졌다. 언젠가 부에노스 아리레스의 '밀롱가'라는 탱고 전용 무도장에서 공연 전문 무용수들과 일반 탱고인들과 어울려 밤새 술마시고 춤추고 이야기하던 밤을 잊을 수 없다.

삼바 춤은 브라질로 건너온 포르투칼인들이 원주민 인디오를 비롯하여 아프리카에서 잡아온 흑인들을 노예로 삼아 브라질의 목화밭에서 목화재배를 경작할 때 그들이 노동에 혹사를 당하면서 겪는 고통을 잊으려고 원시적이며 특유한 노랫가락에 맞추어 움직인 몸의 율동에서 발생하였다. 그 옛날 노예로서 수입된 아프리카 흑인들과 포르투칼 사람들의 매끈한 춤이 합쳐져서 발전하였으며 삼바Samba 어원의 모태는 흑인 여자란 잠바Zamba에서 유래된 것으로 백인과 인디오, 흑인 노예의 뒤엉킨 춤의 역사가 공존하는 것이 삼바 춤이다.

브라질의 국기라 해도 과언이 아닐 축구는 삼바축구의 진수를 보여준다. "호나우두, 그의 발이 닿으면 공은 삼바 춤을 춘다." 거대한 자연과 세계 5위의 광활한 국토를 가진 브라질은 남미 대륙의 절반을 차지할 정도로 크다. 이 나라에는 땅덩어리가 넓은 만큼 운동장도 많아 전설적인 축구 황제 펠레를 낳았는지도 모른다. 남성으로 태어나면 축구선수, 여성으로 태어나면 삼바 춤 댄서가 되는 것이 꿈이라고 할 정도로 브라질 사람들에게 있어 '삼바와 축구'는 큰 의미를 지닌다.

 삼바 춤을 출 때, 무희들이 춤을 추면서 이동하는 방향은 정해져 있어 무대 위를 반 시계 방향으로 돌면서 춤을 춘다. 튕기는 듯한 동작과 강렬한 엉덩이의 움직임이 도발적이다. 가볍고 격렬한 튕김 동작은 반복적인 무릎과 발목 굽힘을 통해 만들어진다. 2분의 4박자에 분당 48~56소절의 빠르기의 음악에 맞춰서 춤을 추며, 박자에 따라 온몸의 강세를 둔다. 무희들이 삼바를 추는 모습이다. 삼바는 그들의 삶에서 언제든지 살아 숨 쉬며 함께 하는 춤이다.

 삼바 춤을 추며 즐기는 브라질의 리우 카니발! 브라질에서는 매년 2월에 리우 카니발이 열린다. 리우 카니발은 브라질의 도시 리우데자네이루에서 열리는 세계적인 축제이다. 리우 카니발에 브라질 사람들은 기쁜 마음으로 삼바 춤을 춘다. 수많은 사람이 화려한 옷을 입고 거리에 나와 삼바 춤을 추며 축제를 즐긴다. 삼바는 삶의 기쁨과 브라질의 찬란한 햇빛을 나타내는 라틴 아메리카 전통춤이다.

화려한 의상과 음악, 열정적인 춤, 그리고 아마존의 원시 자연과 어우러진 열정적인 삼바 축제는 전 세계인들에게 인기를 누리는 축제이다. 그래서 브라질 사람들은 리우 카니발을 '뜨거운 태양 아래 펼쳐진 지상 최대의 쇼'라고 자랑한다. 그들은 삼바 춤을 출 때 행복을 느끼며 진정한 삶의 의미를 찾는다.

　카니발이 시작되기도 전이지만 리우의 거리는 온통 축제 분위기였다. 자유분방한 옷차림과 다양한 나라의 사람들, 남녀노소 누구랄 것 없이 개성 넘치는 의상과 얼굴로 웃음을 가득 띤 채 거리로 쏟아져 나왔다. 카니발이 시작되는 저녁 9시경. 하늘이 오픈된 삼보드로모경기장에는 세계에서 모여든 다양하고 많은 인종의 사람들이 모여들었다. 카니발은 유럽인들이 이주해 오면서 그들의 문화와 원주민의 전통, 노동력 확보를 위해 끌려 온 아프리카인의 다양한 문화가 혼재 하면서 이제는 브라질의 문화를 대표하는 세계적인 축제로 자리 잡았다.

　음악이 시작되고 첫 팀의 퍼레이드가 시작된다. 앞장서 나아가는 공작새가 구애하듯 화려한 장식을 한 리더가 앞서 나와 현란한 스텝과 춤사위로 관중들 시선을 사로잡는다. 뒤로 수 백 명의 팀원들이 온몸을 흔들면서 함께 대열을 맞추어간다. 경기장은 모든 것을 다 태워버릴 듯한 열기로 불타올랐고 무희단과 관중들은 함께 음악에 맞춰 춤을 추었다. 퍼레이드가 진행될수록 관중은 더 이상 바라보는 관중이 아닌 카니발의 주체가 되어 몸을 흔들었고 파도가 넘실대듯 출렁이고 있었다. 서로에게 몸이 부딪히는 것도 잊은 채 서로의 어깨를 잡고 하나가 되어 스텝을 밟았다. 몸짓은 카니발이 끝날 때까지 멈출 줄을 몰랐다. 여기서는 언어가 필요 없었고 그야말로 세계의 인종이 하나가 되어 움직이고 있었다.

리오 축제는 그렇게 홀딱 밤을 지새고 조금씩 새벽 여명이 밝아왔다. 그제야 사람들은 조금씩 해산하여 자신의 숙소로 돌아가고 있었다.

허상문 수필집

유빙流氷

인쇄 2025년 9월 22일
발행 2025년 9월 25일

지은이 허상문
발행인 서정환
펴낸곳 수필과비평사
주 소 서울시 종로구 삼일대로 32길 36(운현신화타워) 305호
전 화 (02) 3675-3885, (063) 275-4000
팩 스 (063) 274-3131
이메일 essay321@hanmail.net
출판등록 제300-2013-133호
인쇄·제본 신아출판사

저작권자 ⓒ 2025, 허상문
이 책의 저작권은 저자에게 있습니다. 서면에 의한 저자의 허락없이 내용의 일부를 인용하거나 발췌하는 것을 금합니다.
COPYRIGHT ⓒ 2025, by Heo Sangmun
All right reserved including the rights of reproduction in whole or in part in any form.
저자와 협의, 인지는 생략합니다.
잘못된 책은 바꿔 드립니다.

ISBN 979-11-5933-592-1 03810
값 15,000원

Printed in KOREA